JN089054

批判的思考力を育てる学校図書館

付：図書館利用記録とプライバシー

渡邊重夫
Shigeo Watanabe

青弓社

批判的思考力を育てる学校図書館

付：図書館利用記録とプライバシー

目次

第3章 「健全な教養」って何だろう——学校図書館法第二条の「健全な教養」概念を考える

第4章 図書館利用記録とプライバシー ――刑事訴訟法第百九十七条第二項に関連して 173

装丁——神田昇和

はじめに

学校図書館は、子どもの成長と発達の権利を日常的に支える教育環境である。そして学校図書館は、すべての子どもがこれを利用することによって平等に情報（学習材、読書材）を入手し、豊かな学びと育ちを享受することを保障する学校社会のセーフティーネットである。全国津々浦々、どんな学校にも「学校図書館を設けなければならない」（学校図書館法第三条）という規定は、そのことの法的表現である。それだけに、学校図書館機能が十分に発揮されることは、子どもの成長と発達を根底から支えることでもある。

その学校図書館の基本を定めた学校図書館法が制定されたのは一九五三年である。戦後の歴史的転換期に、学校図書館は学校教育に「欠くことのできない」（同法第二条）教育環境として誕生した。学校図書館は、子どもの個性を尊重し、画一的詰め込み教授法を排し、子どもの自発的学習形態に基づく教育を実現するための教育装置として位置づけられた。学校図書館法制定の際に提案理由として述べられた事由である。

その学校図書館法は、戦前の教育の痛苦な反省のもとに制定された。同法制定の七年前、敗戦の翌年（一九四六年）に出され、戦後教育の方向性を示した『新教育指針』（文部省）には、次のようなことが記されていた。

教師は自分の思ふままに一定のかたにはめて生徒を教育しようとし、そこに生徒の人間性がゆがめられる。（略）さらに生徒の個性を無視して画一的な教育を行ふので、生徒の一人々々の力が十分にのばされないのである。（略）この弱点が軍国主義者や極端な国家主義者に利用せられたところに、戦争の起つた原因もあり、敗戦の原因もあるのである。

（文部省編『新教育指針』文部省、一九四六年、六ページ）

したがって『新教育指針』は、これからの教育の目指す方向性を次のように示していた。

教育においても、教師が教へるところに生徒が無ひはん的にしたがふのではなく、生徒が自ら考へ自ら判断し、自由な意思をもつて自ら真実と信ずる道を進むやうにしつけることが大切である。

（同書七ページ）

そして、この『新教育指針』の二年後の一九四八年に、文部省から『学校図書館の手引』（師範学校教科書）が出された。そのなかで、「教室の学習において、教師から一つの問題に対してただ一つの解決しか与えられないとするならば、生徒は自分自身でものごとを考えることを学ばないであろう」と論じた後に、次のように続けている。

生徒たちにとってたいせつなことは、問題を理解するに役立つ材料を学校図書館で見いだし、これを最も有効に使い、自分で解決を考え出して行くことである。このようにして、かれらは、批判的にものを解決する態度を養うであろう。（同書四ページ）

「生徒の個性を無視し」「教師の教えに無批判的な」教育を支えたのが国定教科書だった。国定教科書は、画一的な内容を所与の「正解」として子どもたちに与え、「批判的にものを解決する態度」を許さない唯一無比の教材だった。そうした時代に対する反省が、学校図書館法の提案理由に体現されている。

私は、学校図書館のことを考えるたびに、この二つの文献が脳裏をよぎる。もちろん、これらの文献が出されたとき日本は占領下にあり、これらの文献に当時のアメリカ流教育政策の影響が及んでいることは否定しがたい。しかし、これらの文献は、子どもの個性を尊重し、子どもを学びの主体として捉えるという考えを内包している。この考えは、（旧）教育基本法、そして日本国憲法の基本的原理に合致したものでもある。それだけに、これらの文献には、次代を担う子どもを育てるという先駆的なまなざしが含まれていた。

これらの文献が世に出てから七十余年が過ぎた。教育は社会の営みの一環である以上、その時代の政治的・社会的影響を逃れることはできない。そして学校図書館は学校教育に位置づけられた教育環境であるため、学校図書館も社会の動向に大きく影響を受ける。そのため学校図書館も、この七十余年間、この二つの文献の指摘を真正面に据えて順調な歩みを続けてきたわけではない。政治的影響を大きく受ける教育政策のなかで、学校図書館も様々な変貌を繰り返してきた。

しかし学校図書館は、いつの時代にもその基本的な姿勢は常に維持してきたように思う。人的資源（司書教諭、学校司書など）の不備を抱えながらも、子どもたちに学校図書館の利用を通して様々な資料に触れ、「自ら考え自ら判断できる」子どもに育ってほしいとの思いは、学校図書館に関わる人々の共通のものだった。

二〇二〇年は、その学校図書館法の制定運動を牽引した全国学校図書館協議会が結成されて七十年目の節目の年である（わが国の学校図書館の発展に多大な尽力を続けている全国学校図書館協議会に心からの敬意を表する）。

次に、学校図書館をテーマとした本書の第1章から第3章までの概要を記したい。

第1章「「あたりまえのことが曲者だよ」、コペル君――批判的思考力を育てる学校図書館」は、批判的思考力を育てることに資する学校図書館の役割の重要性を論じる章である。折しも、今年度から小学校を皮切りに新学習指導要領が実施された。この新学習指導要領のキーワードは「主体的・対話的で深い学び」である。批判的思考力は、この「主体的・対話的で深い学び」を支える地下水脈である。学びは子ども自らの内から発して真に意義を有する。そのため「主体的」な学びは学びの出発点である。「主体的」な学びが「深い」学びを生み出し、その「深い」学びが「主体的」な学びへと再帰し、学びは一層深化・発展していく。その「深い」学びを担保するのが批判的思考力である。批判的思考は疑問を生む。疑問がなければ学びは受動的なものになる。「なぜ？」

が次の学びを生み、その疑問を解き明かすなかで、学びは一層「深く」なる。だから学びは、批判的思考力を根底に据えることによって、広がりそして深まる。

それだけに、こうした学びを実質化するためには、学校で必要な情報を得ることを保障する装置として、学校図書館が機能を発揮することが不可欠である。学びに際し、資料を読み比べ見比べる、情報の真偽・正否・妥当性を判断する、そうした営みなくして、「主体的」な学びも「深い」学びも成り立ちようがない。戦後教育の所産としての学校図書館は、そのような情報への主体的向き合い方を通して、自主的・自立的な子ども、「自ら考え自ら判断」できる子どもを育てようとして誕生した。

この批判的思考力の問題を、近年大きな話題になった吉野源三郎の名著『君たちはどう生きるか』（「日本少国民文庫」第十六巻）、新潮社、一九三七年）と関連づけて論じた。この書は、満州事変から始まったあの長い戦争の真っただなかに出版された。そのなかで、コペル君の叔父さんは「あたりまえのことが曲者だよ、コペル君」とアドバイスしている。そして、「世間で通っていること」「わかりきったこと」に疑問をもち、「一人前の人間になれ」とアドバイスをしている。そのアドバイスは、今日の「主体的・対話的で深い学び」につながる八十年前の指摘である。

本章は、そうした視点から、こうした学びが可能になるにはどのような要件が求められるのかを国際調査をも参考にしながら論じる。同調圧力が強い今日のわが国で、その圧力が子どもたちに、そして教育現場にも及ぶと、疑問をもつことは捨象され、主体的で深い学びは困難になる。それだけに、表現の自由が保障され、風通しがいい教育現場が確保されるなかでこそ、「主体的・対話的で深い学び」は実質化されるのである。

第2章「子どもを育てる読書の「力」――読書は子どもの「栄養素」」は、子どもの読書の問題について論じる章である。二〇一九年の学習到達度調査（PISA）で、日本の「読解力」の順位（三十七カ国参加）が前回の六位から十一位に下がったことが話題になり、この調査を契機に、あらためて子どもの読書の重要性が指摘されている。読書は子どもにとってどのような意義があるのか、読書は子どものどのような資質や能力を育てることにつながるのか、そうしたことをわが国の言論統制の時代を振り返りながら論じる。言論統制の歴史を振り返ることは、反射的に書物の有用性、読書がもたらす多様な役割を雄弁に物語っているように思う。

第3章「「健全な教養」って何だろう――学校図書館法第二条の「健全な教養」概念を考える」は、「健全な教養」について論じる章である。学校図書館法は、学校図書館の目的の一つに「児童又は生徒の健全な教養を育成する」と規定している（第二条）。「教養」という概念は、人間を高みに導いていくという価値志向的意義をそもそも内包している。それだけに、その概念に「健全な」という語を冠したことにどんな意味があるのか。学校図書館法制定の際の議事録を見てもその意義は明らかではない。しかし、言葉も社会的・歴史的背景を帯びている。そこで、「教養」という概念が有した「歴史的含蓄」（三木清）を大正教養主義にさかのぼって検討する。そうした検討をもとに、「健全な教養」とは何なのか、その今日的意義を論じる。

「利用者情報 半数が提供」「内心の自由巡り せめぎ合い続く」。二〇一九年六月三日付の「北海道新聞」は一面トップで、図書館利用者の利用記録が捜査機関に提供された問題を報じた。本書の副題にしている「図書館利用記録とプライバシー」に関する問題である。

その捜査は刑事訴訟法第百九十七条第二項に基づいておこなわれた。刑事訴訟法第百九十七条第二項とは、捜査機関が公務所などに照会して必要な事項の報告を求めるという犯罪捜査の一手法を規定した条文である。同紙は、この規定に基づき、捜査機関が図書館に対して図書館利用者の利用記録の報告を求めた事例について報じた。そして、こうした事例は北海道だけではなく全国各地で起きている。図書館はこうした照会にどう対応すべきなのか、この問題は拙著『図書館の自由と知る権利』（青弓社、一九八九年）以来、いつも気にかけてきたテーマである。

図書館利用記録は、図書館利用者のプライバシー情報であり、利用者の思想・信条を推測することができるセンシティブな情報である。それだけに、その記録の外部提供は利用者のプライバシーや内心の自由の侵害を招来しかねない。また公立の図書館（員）は、公務員法で職務上知りえた秘密の漏洩を禁じられている。秘密の保持は公務員に課せられた法的義務である。

公立図書館は、捜査機関からのこうした照会にどう対応するのか、その際の「判断基準」の一つに、各自治体が制定した個人情報保護条例がある。この条例と利用記録の外部提供との関係をどのように理解したらいいのか、こうした点を含めて刑事訴訟法第百九十七条第二項に基づく捜査機関からの照会に対する図書館の対応について、図書館利用記録のプライバシー性を軸に論じる。本書の第4章「図書館利用記録とプライバシー――刑事訴訟法第百九十七条第二項に関連して」である。

本書の執筆中に、平久江祐司先生（筑波大学教授）が逝去された。病と闘っておられたことは小生も先生からの何度かの連絡でうかがっていたが、あまりにも若い逝去だった。先生は、学校現場を熟知された数少ない図書館情報学の研究者であり、小生も数多くの教えを受けた。しかし、これからは「やあ、渡邊さん！」という声を再び聞くことができないのは、悲しみに堪えない。先生のご冥福をお祈り申し上げます。

小生にとって、自己の思いを「言葉」にするにはいつも困難が伴う。一文字一文字を書きつづり、どうにか一冊の本にするには、それなりの覚悟と根気が必要である。一文字を連ねる意欲を小生に与えてくださった山崎響氏に心から感謝を申し上げたい。

また、本書を出版する青弓社の矢野恵二氏には長年にわたりお世話になった。長きご厚情に深くお礼を申し上げたい。

二〇二〇年四月二十七日

渡邊重夫

第1章　「あたりまえのことが曲者だよ」、コペル君
――批判的思考力を育てる学校図書館

1　『君たちはどう生きるか』

『君たちはどう生きるか』について

「コペル君」とは、『君たちはどう生きるか』の主人公コペル君のことである。[1] お父さんを亡くしたコペル君（旧制中学校生）は、学校のことや世の中のことを叔父さんにいろいろ話し、叔父さんはコペル君に様々なアドバイスをする。その叔父さんは大学を出て間もない法学士で、アドバイス（「おじさんのNote」）を通して、コペル君に「どう生きるか」を問いかけている。

この物語は、いじめ、貧困、格差など、現在の子どもたちも遭遇するような問題を数多く取り上げている。特に、いじめにあった友人を守る勇気を出せず仲間を裏切ってしまったコペル君が苦悩する場面（「雪の日の出来事」）、そしてコペル君の母親が困っていたおばあさんを助ける勇気がなか

ったことをコペル君に話す場面（「石段の思い出」）は、読者に多くのことを考えさせるシーンでもある。

『君たちはどう生きるか』と軍国主義

『君たちはどう生きるか』の著者・吉野源三郎は、編集者・児童文学者・ジャーナリストで、敗戦直後に発刊（一九四六年）された総合雑誌「世界」（岩波書店）の初代編集長としても知られている。その名著が、八十年余の歳月を経て多くの人の心を捉えている。多くの事柄は歴史的フィルターを通して見ることで、正しい認識に近づくことができる。『君たちはどう生きるか』が出版された一九三七年は満州事変が勃発した六年後であり、この事変を機に日中戦争は本格化した。

先の世界大戦が、いつから始まったとみるかは世界大戦の性格をどう考えるかを規定する大きな要素である。先の天皇（現在の上皇）は、戦後七十年の節目だった二〇一五年、新年にあたって感想を述べたが、そのなかに次のように一節がある。

本年は終戦から七十年という節目の年に当たります。多くの人々が亡くなった戦争でした。各戦場で亡くなった人々、広島、長崎の原爆、東京を始めとする各都市の爆撃などにより亡くなった人々の数は誠に多いものでした。この機会に、満州事変に始まるこの戦争の歴史を十分に学び、今後の日本のあり方を考えていくことが、今、極めて大切なことだと思っています。(2)

「満州事変に始まるこの戦争」と述べている。先の世界大戦を一九三一年の満州事変から始まるとするこの歴史観は、満州事変・日中戦争・太平洋戦争は、相互に密接不可分な、ひと続きの戦争だというものである。『君たちはどう生きるか』は、満州事変を端緒とするこの長い戦争の真っただなかに出版された物語である。

この時代は、吉野源三郎が、『君たちはどう生きるか』の岩波文庫版の解説で「すでに言論や出版の自由はいちじるしく制限され、労働運動や社会主義の運動は、凶暴といっていいほどの激しい弾圧を受けていました[3]」と記している。プロレタリア作家・小林多喜二が拷問で虐殺されたのは、満州事変勃発二年後の一九三三年である。同じ年に、京都帝国大学の刑法学の教授・滝川幸辰の著作『刑法読本』（大畑書店）などが自由主義的だとして発売禁止（発禁）になり、滝川自身も大学を免官処分された。いわゆる滝川事件である。そしてその二年後（一九三五年）には、長い間東京帝国大学で憲法を教え、その学説は高等文官試験の通説でもあった美濃部達吉博士の著書『憲法撮要』（有斐閣）などの三冊が出版法第九条違反（安寧秩序を妨害）を理由に発禁処分となり、美濃部は同年に貴族院議員を辞職、翌年には右翼に銃撃され重傷を負った。天皇機関説事件である。この事件の際に、二度にわたって政府が出した「国体明徴声明」によって、国が「学問的見解」に介入するなど、学問の世界に国家権力が露骨に介入し、帝国憲法下での立憲主義の統治理念は公然と否定されることになった。

『君たちはどう生きるか』が出版されたこの時代は、共産主義者だけではなく自由主義者、そしてキリスト教徒も仏教徒も弾圧の対象になった時代である。さらに一九三六年には、日本軍国主義の決定打になった二・二六事件が起きている。そして、学校では教育勅語に基づく「皇国民」教育に国民全体が向かっていた時代である。だから吉野源三郎は、先の解説のなかで、『君たちはどう生きるか』が出版される二年前の三五年には、山本有三のような自由主義の立場の作家でも「もう自由な執筆が困難になって[4]」いたとも記している。山本有三は、『君たちはどう生きるか』が収められた「日本少国民文庫」の編纂者で、人道主義的・理想主義的な人生観を基調にした作風で広く知られた作家だった。

叔父さんのアドバイス

『君たちはどう生きるか』のすごいところは、こうした時代にあっても、「どう生きるか」を真正面から問いかけていることである。

叔父さんは、この時代にあっても、社会で当たり前のこととして通っていることに疑問をもつことの大切さを指摘している。例えば、「ニュートンの林檎」（「どうしてニュートンは、林檎が落ちるのを見て、引力というアイデアを思いついたのかというあの万有引力の発見」）の話をした後に、次のようにアドバイスをしている。

> だからねえ、コペル君、あたりまえのことというのが曲者（くせもの）なんだよ。わかり切ったことのように考え、それで通っていることを、どこまでも追っかけて考えてゆくと、もうわかり切ったことだなんて、言っていられないようなことにぶつかるんだね。[5]

そしてさらに、「もりもり勉強して、（略）その頂上で仕事をするんだ」とアドバイスをした後で次のように語っている。

しかし、そののぼり切ったところで仕事をするためには、いや、そこまでのぼり切るためにだって、——コペル君、よく覚えておきたまえ、——君が夜中に眼をさまし、自分の疑問をどこまでも追っていった、あの精神を失ってしまってはいけないのだよ。(6)

叔父さんは、コペル君に「あたりまえのこと」を疑い、自分の頭で考えることの大切さをアドバイスしている。そもそも「コペル君」という名前は、地動説を唱えたコペルニクスに由来している。中世社会、天動説が公理だった時代に「あたりまえ」のことを疑い地動説を唱えたあのコペルニクスに「コペル君」の名は由来している。そして、叔父さんはさらに、次のようにも語っている。

もしも君が、学校でこう教えられ、世間でもそれが立派なこととして通っているからといって、ただそれだけで、いわれたとおりに行動し、教えられたとおりに生きてゆこうとするならば、——コペル君、いいか、——それじゃあ、君はいつまでたっても一人前の人間になれないんだ。(7)

吉野源三郎が最も伝えたかったことは、周りに流されず、学校や社会で常識として通っていることを疑い、疑問をどこまでも追いかけ、自分で考えることの大切さだと思う。そして、「コペル君、一人前の人間になるんだ」と。

思想統制の手段としての「国定教科書」

しかし、前述した時代背景を心に留めて、この叔父さんのアドバイスを聞くと、本当にすごいことを言っていると思う。

例えば、「学校で教えられたことのとおりに生きていったら一人前の人間になれない」と吉野は言っている。でもこの時期、学校では「国定教科書」を使用していた。国定教科書とは「国（文部省）が著作し全国の学校で使用させた教科書」[8]のことで、小学校では早くも一九〇四年（明治三十七年）から使用され、第二次世界大戦中は師範学校・中等学校でも使用されていた。

その国定教科書（小学校）は、時代によって五つの期に分けられるが、この『君たちはどう生きるか』の時代、すなわち一九三七年頃使用されていた国定教科書は「第四期」に分類される。満州事変の勃発によってファシズムの嵐が吹きすさぶなか、教育もまた軍国主義の時代に巻き込まれていくが、そうした時期に出版された教科書である。一年生の国語の教科書（『小学国語読本』巻一）が「サイタ　サイタ　サクラ　ガ　サイタ」という文から始まるので「サクラ読本」ともいわれている。教科書の歴史に詳しい唐澤富太郎（東京教育大学名誉教授）の研究によると、この第四期の教科書には多くの軍事教材、神話、古典教材などが掲載されていたため、「臣民の道を強化し、軍国における忠君愛国の精神の鼓吹を教育目的として」いて、「大正期のデモクラティックな要素を伸長させる役割を放棄して、かえって相反する超国家主義教育を強要し、侵略戦争への国民の精神的な準備をなす(9)」ものと評された。コペル君が、このとき学校で教えられたことは、「忠君愛国」の臣民になることであり「侵略戦争への精神的な準備」をすることだった。そしてこの時期は、学校だけではなく、社会全体がそのように向かっていた時代だった。私は、二〇一四年に出版した『学校図書館の対話力』のなかで、戦前の国定教科書を論じた箇所の最後に次のように記した。

この教科書は「小国民」の育成を通じて、その保護者や地域住民にも影響を与えた。その意味で、国定教科書は「皇国民」「銃後の民」の教科書、すなわち、すべての国民の思想統制の手段でもあったのである(10)。

国定教科書は、学校という閉ざされた空間での思想統制の手段にとどまらず、社会一般の人々に対しても、どのように考えることが「皇国」のためになるか、その判断基準を示したものでもあった。事実、「第四期」の教科書には、「空中戦」「東郷元帥」などの軍事教材、「天の岩屋」「神武天皇」「羽衣」などの神話・古典教材を採用していて、これらの教材は忠君愛国的な軍国主義を想起させる内容にあふれていた。そして、社会一般もこうした教材から日常的な「身の処し方」を推し量っていたのである。

こうした時期に、叔父さんは、学校で教えられたとおりに生きていったら一人前の人間になれないといい、そして「いいことをいいことだとし、悪いことを悪いことだとし、一つ一つ判断してゆくときにも、（略）いつでも、君の胸からわき出て来るいきいきとした感情に貫かれていなくてはいけない」[11]とアドバイスしている。

「倫理の問題と社会科学の問題」──丸山真男の指摘

この物語（『君たちはどう生きるか』）は、単に少年に対してどう生きるかを語った人生訓話だけを説いた物語ではないように思う。いつの時代も、「どう生きるか」という問題は、生きている「生（なま）」の社会をどのように理解するかと深く関わっている。

物語の冒頭に、コペル君が叔父さんとともに銀座のデパートの屋上から見た一シーンが描かれている。懸命に自転車のペダルを踏む少年と、その少年の動きを屋上から目で追っているコペル君。そして眼前に林立するビルの無数の窓から見られている自分、それに気がついている自分、いろんな自分が重なりあっていることを感じるコペル君。視座の転換（主体・客体の転換）が描かれている。そして「人間って、ほんとうに分子だね」と気づくコペル君。そして叔父さんは、次のようにアドバイスしている。

自分ばかりを中心にして、物事を判断してゆくと、世の中の本当のことも、ついに知ることが出来ないでしまう。大きな真理は、そういう人の眼には、決してうつらないのだ。（略）今日君が考えた考え方は、どうして、なかなか深い意味をもっているのだ。それは、天動説から地動説に変わったようなものなのだから。[12]

岩波文庫版の最後に、政治学の泰斗・丸山真男が「『君たちはどう生きるか』をめぐる回想」という文章を記している。丸山は、「丸山政治学」とも称される一大学問体系を打ち立てた政治学者だが、その「回想」のなかで、次のように述べている。

この一九三〇年代末の書物に展開されているのは、人生いかに生くべきか、という倫理だけでなくて、社会科学的認識とは何かという問題であり、むしろそうした社会認識の問題ときりはなせないかたちで、人間のモラルが問われている[13]　（傍点は原文）

冒頭のデパートの屋上から眺めながら、「人間て、叔父さん、ほんとに分子だね。僕、今日、ほんとうにそう思っちゃった」と言うコペル君。そしてコペル君が名付けた「人間分子の関係、網目（あみめ）の法則」（粉ミルクが、オーストラリアから赤ん坊のコペル君のところに届くまでのプロセス）を通じて、人間は分子のようにお互いに交じり合い、そして（網目のように）つながっている社会であることを認識するコペル君。コペル君が、人間と社会への眼を開かれる場面である。[14]

この物語は、「どう生きるか」を通じて社会科学的認識をも問いかけている。それは当然、コペル君が生きた時代を見つめることにつながる。丸山は、先の「回想」のなかで、冒頭のデパートの屋上からの大東京の眺望を「晴れ渡った大空の下にひろがる雄大なパノラマとして描かず」に、

「冷たい湿気の底に、身じろぎもしないで沈んでいる」悲しい姿」として、コペル君に映じさせているると記している。そして丸山は、こうした光景をこの作品が発行される一カ月程前に勃発した盧溝橋事件を引き合いに出し、続けて「吉野さんが向きあっていた姿勢と、展望とが暗示されていないでしょうか[15]」と論じている。盧溝橋事件とは「日本を果しない泥沼にひきずりこむ直接の起因となった[16]」事件である。

わが国のファシズム運動の発展を論じた丸山の指摘によると、この『君たちはどう生きるか』の時代（二・二六事件〔一九三六年〕から敗戦まで）は、「日本ファシズムの完成時代」であり、軍部と官僚・重臣、独占資本・ブルジョア政党との間に、「連合支配体制を作りあげた時代[17]」だったという。コペル君は、その戦時下（ファシズム下）に少年時代を過ごしたのである。そのため、「コペル君、あたりまえのことというのが曲者なんだよ」という叔父さんのアドバイスを真正面から受け止めることが困難になりつつあった。そして、吉野が解説に記しているように「太平洋戦争がはじまってからは、この本ですら刊行ができなく[18]」なったのである。

2 「自ら考え自ら判断する」

「自ら考え自ら判断する」（『新教育指針』）

「墨塗り教科書」

叔父さんが、コペル君に「あたりまえのこと」を当たり前のこととして捉えずに、疑問をどこまでも追いかけ、自分の頭で考えるようにアドバイスしたことは、この時期ではすごいことだった。そして、一九四五年八月十五日、わが国は未曾有の惨禍のなかで敗戦を迎えた。それは自国民、自国の山川草木の被害にとどまらず、多くのアジアの人々への加害をも含めた敗戦だった。「君たちはどう生きるか」、それは敗戦後すべての国民が、あらためて突き付けられた問題だった。映画監督・篠田正浩はある講演で、次のように述べている。

あの戦争に敗れたことで私は歴史の教師を失いました。旧制中学の生徒だった私たち〔コペル君と同じ：引用者注〕に対し、歴史の先生が「うそを教えて申し訳なかった」と謝ったからです。（略）その時、私はもう日本の歴史は自分で学ぶしかないと思いました。「魏志倭人伝」という書物の存在を知ったのは、それからまもなくのことです。書かれていたのは私がそれまで習ってきたのとまったく違う歴史でした。その時の驚愕（きょうがく）は忘れもしません。(19)

戦後、学校では墨塗り教科書が登場した。作家・三浦綾子は、敗戦の八月十五日、北海道旭川市で教員をしていた。満十七歳から教員となり二十三歳で敗戦、純粋で情熱的な聖戦を妄信する教師だった。そして、敗戦後は他の教師と同様に、教科書に「墨塗り」を指示する教師になる。三浦の自伝的小説『道ありき』に、その墨塗りの場面が具体的に記されている。

「さあ、墨を磨るんですよ」
わたしの言葉に、生徒たちは無心に星を磨る。（略）
「第一頁の二行目から五行目まで墨で消してください」
そう言った時、わたしはこらえきれずに涙をこぼした。（略）
生徒たちは、黙々とわたしの言葉に従って、墨をぬっている。誰も、何も言わない。修身の本が終わると、国語の本を出させる。墨をぬる子供たちの姿をながめながら、わたしの心は定まっていた。
（わたしはもう教壇に立つ資格はない。近い将来に一日も早く、教師をやめよう）[20]

三浦は涙を流し、敗戦の翌年三月、満七年の教師生活に別れを告げた。

価値観の大転換が図られたとき、「これからどうしたらいいのだろう」（君たちはどう生きるか？）と、多くの国民が途方に暮れた。昨日まで「神風」を教え「おろち」を教えていた教師も、「神国」の崩壊のなかで、どのような子どもを育てるべきなのか、次の時代の教育のあり方を描ききれないでいた。

そうしたこともあり、敗戦の四カ月後に開催された帝国議会衆議院予算委員会（一九四五年十二月十日）で、その点についての質疑がおこなわれている。ある議員が、文部大臣に対し、「最も苦痛を感じたのが教育者達であつたのであります、それが新しい時代の教育に変らなければならぬのでありますが、此の転換期に於ける教育者の信念、態度と云ふやうなものは、どう云ふ工合に持つて行くべきであるか、（略）文部当局の御方針を伺ひたい[21]」と質問している。それに対して、文部大臣（前田多門）は、次のように答弁している。

学校の先生が持つて居られる悩みに付きましては、私も洵に同情を禁じ得ないのみか、私自身も亦衷心実に苦しむ所もあるのであります、（略）八月十五日以後新時代に転換致した、そして判断の基礎と致して居つた事実が誤れることがはつきり致しました今日、（略）新しい民主主義、自由主義、国際平和主義で進むと云ふことは、是はもう当然のことであらうと思ひます[22]。

敗戦直後の教師の困惑が、帝国議会でも論議の対象となっていたことをうかがい知ることができる。そして「誤れる」時代から決別して、「新しい」時代へと踏み出した決意も同時に知ることができる。

「コペルニクス的大転回」

その帝国議会での論議の半年後（一九四六年五月）に、戦後教育の方向性を示した『新教育指針』（文部省編）という文書が出された。そのなかに、注目すべき次のような一節がある。

教育においても、教師が教へるところに生徒が無ひはん的にしたがふのではなく、生徒が自ら考へ自ら判断し、自由な意思をもつて自ら真実と信ずる道を進むやうにしつけることが大切である。このやうにしてはじめて、（略）「民主主義のてつ底」も「公民教育の振興」もできるのである。[23]

この直前には、次のような記述がある。

政府は憲法に保障されてゐるにもかかはらず、言論や思想の自由その他人間の大切な権利を無視して、秘密警察や、ごうもんを用ひ、国民は政治をひはんする力を失い、「お上」の命令には文句なしにしたがうやうになつた。（略）このやうな態度があつたればこそ、無意味な戦争の起るのを防ぐことができず、また戦争が起つても政府と国民との真の協力並びに国民全体の団結ができなかつたのである。[24]

戦前の思想・言論統制、教育統制、そしてその法的措置を根拠づける治安維持法をはじめとする弾圧立法、その法制の実質化を担保した特別高等警察（特高）、そうした法と制度が国民の批判的精神を失わせ、国家権力の恣意的な為政を許したという指摘である。

こうした反省をもとに『新教育指針』は出され、新しい子ども像を提示した。それが、「自ら考え自ら判断」できる子どもであった。この「自ら考え自ら判断」できる子ども像は、それまでの子ども像を百八十度転換したものだった。従来の考え方と根本的に異なる考え方のことを「コペルニクス的大展開」というが、文字どおり「コペルニクス的大展開」だった。

コペル君が中学を卒業した頃、わが国は「国民学校令」に基づき国民学校を設置したが、札幌市内のある小学校の百年史で、この国民学校令が公布された年（一九四一年）の四月一日の学校日誌には、次のように記されていた。

愈々今日から国民学校、国民の基礎的錬成、我等の責務益々重大。いざ進まん教育報国の一年に燃えて(25)

「国民の基礎的錬成」とは、国民学校令第一条に規定された国民学校の目的である。そしてこの年に関して「学校も家庭も、戦争に勝つことだけを目あてにくらしていた」「銃後の守りを固めるためには、健康な身体をというわけで、身体をきたえる諸行事が多くなってきた」と記されている。「学校も家庭も、戦争に勝つことだけを目あてにくらしていた」、この記述に当時の様子がすべて包括されているように思う。

何が正しいのか、何が善なのか、子どもが「自ら考え自ら判断する」ことは認められなかった。「国定教科書」によって「正解」は所与のものだったのである。それは、子どもだけではなく教師も同じだった。教師も「自ら考え自ら判断する」という思考方法を停止したのである。いや、「教育報国」の考えに基づき、戦地に子どもを送り出した教師も多数いた。戦後（一九五二年）発表された作品で、あの戦争に教え子を送らざるをえなかったわが国の教師の痛恨の思いを吐露した詩がある。

戦死せる教え児よ
逝いて還らぬ教え児よ
私の手は血まみれだ
君を縊ったその綱の
端を私も持っていた
しかも人の子の師の名において（略）

この詩の作者は高知県の元教員で、高知市の城西公園西側にこの詩の碑がある。そしてこの詩の最後は、次のように詠われている。

逝った君はもう還らない
今ぞ私は汚濁の手をすすぎ
涙をはらって君の墓標に誓う
「繰り返さぬぞ絶対に！」

こういった思いがあるだけに、『新教育指針』は教師に対してこれからの歩むべき道標になったと思う。そして、「自ら考え自ら判断」できる子ども、すなわち自主的・自立的精神に満ちた子どもを育てるべきというこの指針は、それぞれの教師に新たな子ども像の構築を迫った。

しかし、自主的・自立的な子どもは、人間的尊厳が保障されるなかでしか育たない。精神が権力に絡め取られ、あるいは身体が拘束されるなかでは、自主性も自立性も育たない。自主性の出発点になるのは自発性だ。しかし、自発性もまた、精神的自由と身体的自由が保障されるなかでしか発揮できない。

『新教育指針』には、人間性・人格・個性の尊重が掲げられていた。ここには、自発性が発揮される土壌を培うことの重要性が明記されている。人間性、平等、個性、これらの言葉を目にするにつけ、そこには、その半年後に施行された日本国憲法の人権条項の基本が示されていたように思う。その日本国憲法は、次のように規定している。

「すべて国民は、個人として尊重される」（第十三条）

「すべて国民は、法の下に平等であつて」（第十四条）

そして、その日本国憲法と一体の教育法規である（旧）教育基本法には、人格の完成、個人の価値の尊重などが、「教育の目的」の具体的内容として規定されていた（第一条）。『新教育指針』が示した人間像には、教育基本法が規定する「教育の目的」の原型が記されていた。『新教育指針』と教育基本法は、「独自に検討されながらも、戦後の新しい教育施策の基盤、つまり学問と研究の自由に支えられながら、画一的・詰め込み的ではない学校教育の指針を提出[26]」していたのである。

「自ら考え自ら判断する」人間像と学校図書館

『新教育指針』で打ち出された「自ら考え自ら判断する」という考えは、戦前の子ども像の「コペルニクス的大転換」だった。

人間は本来自分で考え行動する力をもっているというのが吉野の考えだった。コペル君が、友人が暴力を受けていたのを助けることができずに、深い後悔の念にさいなまされていたときの叔父さんの手紙の一節には、次のように記されている。

> 人間が、元来、何が正しいかを知り、それに基いて自分の行動を自分で決定する力を持っている(27)

人間は、元来「自ら考え自ら判断」する力をもっていると吉野は言っている。教師自身も思考停止を余儀なくされた戦中の時代に、「元来、人間は何が正しいかを自ら考え自ら判断する」力をもっている、と吉野は伝えている。『新教育指針』での指針、すなわち「教師が教えるところに生徒が無批判的に従うのではなく、生徒が自ら考え自ら判断する」という指針は、叔父さんのコペル君へのアドバイスをなぞるかのような指針である。

この「自ら考え自ら判断する」という人間像は、学校図書館の基本に位置する考えでもある。法的存在としての学校図書館は戦後教育の所産だが、その学校図書館のことを規定した学校図書館法は戦後八年目（一九五三年）に制定された。その提案理由（補足説明）の一節に、次のようなことを述べている。

> 学校教育におきましては、先ず第一に、教育の指導理念が、児童生徒の個性を重んじ、その自発的学習の啓発育成にあることは申すまでもありません。この指導理念に従いますれば、又、指導方法におきましても、従来の画一的詰込式教授法によらずして、児童生徒の自発的学習形態がとられなければならぬことは、当然なことであります。[28]

この補足説明には、「児童生徒の個性の尊重」と「自発的学習形態」、そして「画一的詰込式教授法の排除」とがひとつながりに述べられている。ここには、学ぶ主体としての子どもを軸にした教育観が示されている。「個性を尊重」し、その子どもの「自発性」を大切にするという指摘は、子どもの学びは子どもから始まるということを示唆している。子どもは学びの「客体」ではなく、学びの「主体」だという教育観である。

個性の尊重は、前述のように日本国憲法（第十三条）に規定された人権条項の基本である。そして「自発性」は、（旧）教育基本法に規定された「自発的精神」の涵養に通じる（第二条）。同条には、教育の目的を達成するためには「学問の自由を尊重し、実際生活に即し、自発的精神を養い（略）」と規定されていた（傍点は引用者）。

すなわち、学校図書館法の提案理由には、日本国憲法と教育基本法の精神が受け継がれている。

個性の尊重が自発的精神を育み、自発的精神が自主性を導き出していく。自分の内から湧き出ない一滴が大河になることはなく、自分の内から発しない行動が自分を奮い立たせないのは当然である。「自分を変える力をもった一粒は、やがて一〇〇〇粒の種子となる。自分から登っていく一歩は、やがて一〇〇〇メートルの高さとなる」[29]。自発性が次の行動を大きく規定し、自主的精神に満ちた子どもを生み出す土壌になるのである。

学校図書館法の提案理由にいう「自発的学習」は、「自ら考え自ら判断」する子どもを育てる栄養素である。そして、その自発的学習を培うための「当然必要不可欠な」（「補足説明」）教育装置として、学校図書館が位置づけられた。戦後教育が目指した「自主的・自立的」人間の育成は、学校図書館機能の発揮によって培われるのである。その人間像は、叔父さんがコペル君に託した人間像そのものである。

「僕たちは、自分で自分を決定する力をもっている」[30]

「教育を受ける権利」（学習権）——憲法第二十六条

戦前と戦後の教育の大きな違いは、子どもが教育を受ける営みをどのように理解するかと深く関わっている。

戦前は教育を受けることは、兵役・納税とならぶ臣民の三大義務だった。そうした教育体制では、教育の根本を皇祖皇宗の遺訓に求め、忠孝の精神を説き「天壌無窮ノ皇運ヲ扶翼」すべき国民を育成することを定めた教育勅語（一八九〇年）の下、国体への恭順を学校教育を通じて国民に教え込んだ。そのために、こうした法体系、教育勅語体制の下では、教育が権利という光によって照射されるはずはなく、子どもが人権の享有主体と位置づけられることはなかった。しかし日本国憲法は、教育を受けることを「権利」と規定している（第二十六条第一項）。次の規定である。

すべて国民は、法律の定めるところにより、その能力に応じて、ひとしく教育を受ける権利を有する。

教育を受ける権利について、今日ではその意義は、教育を受ける権利主体である「子ども」に視点をおき、子どもの「成長・発達の権利」という側面から捉えるべきと考えられている。換言すれば、すべての人間、特に子どもは、学習によって人間らしく成長・発達していく権利を有している、そのため「教育を受ける権利」は、子どもがその人間的発達を実現できるように国家に積極的な条件整備を要求する権利、とする考えである。いわゆる「学習権」説である。この学習権説は、その後、教育裁判での司法判断としても登場するようになった。その一つとして、「旭川学力テスト事件」最高裁判決（一九七六年）を紹介する。このなかで最高裁は、憲法第二十六条に関して次のような見解を示した。

この規定の背後には、（略）特に、みずから学習することのできない子どもは、その学習要求を充足するための教育を自己に施すことを大人一般に対して要求する権利を有するとの観念が存在していると考えられる。換言すれば、子どもの教育は、教育を施す者の支配的権能ではなく、何よりもまず、子どもの学習をする権利に対応し、その充足をはかりうる立場にある者の責務に属するものとしてとらえられているのである[31]。

教育を受けることを「権利」と規定したこの第二十六条は、日本国憲法のなかでもその特色を強く示す規定である。そして学校図書館法は、この第二十六条に連なる「法律」の一つである。だから学校図書館は、学校図書館の二つの目的、すなわち「教育課程の展開に寄与する」「児童又は生徒の健全な教養を育成する」（学校図書館法第二条）の実現を通して、この子どもの「教育を受ける権利」を担保する任務を担っている。この二つの目的が実践されることは、憲法第二十六条の法意を具体化することでもある。

こうした学習権論は、学校図書館を考察する際にも重要な概念である。この概念には、人は自らの学習によって人間らしさを獲得していく権利主体であるという認識が内在化されている。この認識は、学びの場、育ちの場としての学校図書館、そして個性の尊重の下に自発的な学習を担保する学校図書館について検討する際の重要な座標軸である。それだけに、学校図書館を、子どもの学習権を「充足」するための要件として位置づけて捉えることが重要になってくる。学校図書館法に規定された二つの目的を実現することは、子どもの学習権の実質化でもある。

それだけに、個性的で自発的精神に富んだ子どもを育てるには、そうした教育環境としての学校図書館が必要である。学校図書館は、所蔵する資料と「人」（司書教諭、学校司書など）によるサービスを媒介にその責務を担うことにより、子どもの「成長・発達の権利」、いわゆる「学習権」を充足することを期待されている。そのため、学校図書館法にいう「学校図書館は、学校教育に欠くことのできない基礎的な設備」（同法第一条）という規定を今日的視点から解釈するなら、学校図書館は、子どもの学習権を確保するために「不可欠」な教育環境と意義づけることができるのである。

『学校図書館の手引』（一九四八年）

子どもの成長・発達の権利としての学習権の実現には、学校図書館が不可欠である。そうした考えの端緒を戦後のある文献に見ることができる。『学校図書館の手引』という文部省が出した文献である。この文献は、先に述べた『新教育指針』の二年後の一九四八年に出された。文部省は、戦後学校図書館に関わる手引書を何冊も刊行したが、これはその最初の手引書で、新しい時代に向けて学校図書館の重要性を文部省自らが示した文書である。「日本の学校図書館の歴史は、この書の公刊とともに、国民のものとなった[32]」「戦後初期の日本において、学校図書館の理論形成および実践にもっとも大きな影響を与えた[33]」文献である。

戦前、学校図書館の存在が意識になかった多くの教員にとってこの文献は、学校図書館の重要性を認識する初めての機会になった。全国学校図書館協議会編集部は、この『学校図書館の手引』の意義について、次のように述べている。

全国各地の教育者は、ここで始めて「学校図書館」なる名称を知り、「学校図書館」の目的を知り、「学校図書館」の新教育における位置を知ったのである。[34]

その『学校図書館の手引』には、冒頭に「新教育における学校図書館の意義とその教育的役割」という部分がある。そこでは次のように論じている。

過去の日本においては、教科書の学習に全力が注がれ、したがって、課外の読書や個人的な調査が軽んぜられ、(略)図書館あるいは読書室は、多くの場合、教科書を勉強したり、暗記したりする場所にすぎなかった。[35]

しかし、これから学校図書館は「新しい教育の計画の中では、必要欠くべからざる重要な位置を占めている」と、その重要性を指摘している。こうした認識は、その後の学校図書館法第一条の「不可欠性」の規定へとつながっていったように思う。

こうした認識の下に作成された『学校図書館の手引』は、新教育での学校図書館の役割を九点掲げている。例えば、①学校図書館は、生徒の個性を伸張していくうえで役立つ、②学校図書館は、多くの方面や活動で生徒の興味を刺激し豊かにする、③学校図書館の利用によって批判的判断や理解の態度を養っていく、④学校図書館は自由な活動の手段を与える、などである。そしてさらに注目すべき意義を次のように述べている。

学校図書館の蔵書は、生徒の持つ問題に対していろいろの考えや方や答えを提供する。――かりに、教室の学習において、教師から一つの問題に対してただ一つの解決しか与えられないとするならば、生徒は自分自身でものごとを考えることを学ばないであろう。生徒たちにとってたいせつなことは、問題を理解するに役立つ材料を学校図書館で見いだし、これを最も有効に使い、自分で解決を考え出して行くことである。このようにして、かれらは、批判的にものを解決する態度を養うであろう。[36]

すでに論じたように、戦前の教育は、「教師から一つの問題に対してただ一つの解決しか与えられない」教育だった。単一的価値観の教材（国定教科書）が、そうした教育を担保した。だから今後大切なことは、学校図書館を利用して、そこで見いだした資料を「有効に使い、自分で解決を考え出して行く」、そうした営みが子どもに「批判的にものを解決する態度を養う」ことにつながるという指摘である。そしてこの指摘は、コペル君の叔父さんの指摘と同じ内容である。叔父さんは、社会で当たり前のこととして通っていることに疑問をもち、それを疑う大切さをアドバイスしたが、それは「批判的」に物事を考えることの大切さの指摘でもあった。

こうしたことは、当然にも学校図書館資料の多様性を意味している。そして「個性の尊重」を実現するためにも、資料の多様性は必然である。個性とは「個」性である。前述した『新教育指針』は、個性尊重を記した箇所で、「人間は一人々々ちがっており、（略）各人は他の人と取りかえることのできないねうちをもっている。（略）その性質を個性と呼ぶ[37]」と記していた。学校図書館が、そうした「個」性に対応するには、「個」に応じた資料が不可欠である。そして、一人ひとりの子どもは、それらの資料を読み比べ見比べしながら、「自分で解決を考え出して行く」。それは必然的に学校図書館を「欠くことのできない」教育環境として位置づけることになる。『学校図書館の手引』では、そうした学校図書館の基本的任務が論じられていた。

しかし戦前、「問題に対してただ一つの解決しか与えられ」なかったのは、子どもだけではなかった。教員もまた同様な状況下にあった。治安維持法をはじめとする思想・言論統制法は国家権力の恣意的支配を許すことになった。そして満州事変以後の軍部と報道機関の一体化によって、「ジャーナリズムのチェック機能が失われ」、「大本営は縦横無尽にデタラメな発表を繰り返[38]」し、国民を「情報の暗闇」の世界に落とし込めたのである。

それは日常生活に関する情報に関しても同様だった。戦局は悪化し、東京へのB29の空襲も激しくなっていた一九四四年十二月七日、熊野灘を震源地とするマグニチュード七・九の大地震が起きた。昭和東南海地震である。気象庁によると死者・行方不明者は千二百二十三人に及んだという。しかし、翌日の「朝日新聞」は三面記事で「一部に倒半壊の建物と死傷者を出したのみで大した被害もなく」などと短く報じただけだった。また、戦闘機などの軍需工場が集まる地域では約三百人の死者(勤労学徒)が出たが、これらの被害は「極秘」「厳秘」とされていた。のちに「朝日新聞」は、この事実を「戦時下 震災は隠された」というタイトルで詳細に伝えた(「昭和史再訪」二〇一二年三月十日)。

戦時下では、皇国民は「何が真実か」を知るすべを失っていた。だから、教員自身も「問題に対してただ一つの解決しか与えられ」なかった。「皇国民」育成教育のなかでは、教員もまた、自分で解決し自身で物事を考えることができなかったのである。教員らが「情報の暗闇」から脱するのは戦後のことである。

学校図書館法の意義──「不可欠性」

こうしたことを考えると、情報を自由に入手し、分析しながら自己と、自己を取り巻く世界を認識できることの重要性をあらためて思う。それは当然にも、表現の自由をはじめとする精神的自由に関する人権が確保されることである。そうした自由が保障されることによって、教員もそしてすべての人が、「問題を理解するに役立つ材料を学校図書館で見いだし、これを最も有効に使い、自分で解決を考え出して行く」ことができ、「批判的にものを解決する態度を養う」[39]ことができるのである。それだけに、子どもの思想形成、学びと育ちについて考えたとき、人権の確保の重要性とともに、学校図書館の存在の重要性をあらためて認識することになる。それは同時に学校図書館法の意義を再認識することでもある。

学校図書館法第一条は、学校図書館の「不可欠性」を規定している。学校には「不可欠」な設備はたくさんある。理科室も音楽室も体育館もみな、学校教育では「不可欠」な設備である。しかし単独立法をもって、ある設備を「欠くことができない」と規定しているのは学校図書館法だけである。その理由は、学校図書館は戦後教育の所産として誕生したことに深く関わっているからである。「自ら考え自ら判断」する子どもの育成と関わり、子どもに多様な情報を提供して子どもを育てたいという思いがあるからである。

『学校図書館の手引』に記された学校図書館の意義を、こうした歴史と重ね合わせてみるとよくわかる。一つひとつの言葉の背後には、その言葉を生み出す「世界」があるが、法律に規定された一見無味乾燥な言葉の背後にもその言葉を生み出す「世界」が潜んでいる。その潜んでいる「世界」を読み解くことは、その法律に命を与えるものである。「学校教育において欠くことのできない」（学校図書館法第一条）という文言を、こうした歴史と重ね合わせて読み解いてみることも大切なことである。それは、学校図書館が「学校教育に不可欠」な教育環境だということをあらためて理解できる大きな契機になるように思う。

3 「生きる力」と学校図書館

「学びの過程の重視」——学習指導要領

教育は、次代の子どもを育てる営みであり、その営みは一国の未来とも深く関わっている。それだけに、教育課程の基準である学習指導要領がどのような子ども像を描くかは、多くの国民の関心事でもある。その新しい学習指導要領が、「主体的・対話的で深い学び」という新たな言語を伴って二〇一七年三月（小学校、中学校）に改訂（発表）され、小学校はすでに二〇年四月から全面実施に入り、中学校は二一年度から全面実施される。高等学校は一年遅れて一八年三月に改訂（発表）

され、二二年度入学生から順次実施されることになっている。

学習指導要領は、約十年に一度改定される。改訂に先立ち、文部科学大臣は中央教育審議会に改訂の理由を記した「諮問」を出すが、今回の改訂に際して出された「諮問」には、「学びの過程」と関わる、注目すべき指摘があった。子どもたちが「ある事柄に関する知識の伝達だけに偏らず、（略）自ら課題を発見し、その解決に向けて主体的・協働的に探究し、学びの成果等を表現し、更に実践に生かしていけるようにすることが重要である[40]」と述べた後の次の指摘である。


そのために必要な力を子供たちに育むためには、「何を教えるか」という知識の質や量の改善はもちろんのこと、「どのように学ぶか」という、学びの質や深まりを重視することが必要であり、課題の発見と解決に向けて主体的・協働的に学ぶ学習（いわゆる「アクティブ・ラーニング」）や、そのための指導の方法等を充実させていく必要があります。[41]

「何を教えるか」（知識の質や量）の改善はもちろんだが、「どのように学ぶか」（学びの質や深まり）という「学びの過程」を重視するという指摘である。その学びの具体的な手法として「課題の発見と解決に向けて主体的・協働的に学ぶ学習（いわゆる「アクティブ・ラーニング」）」が提起されたのである。

その「諮問」後に出された「中央教育審議会答申」（二〇一六年十二月）では、「子供たちが「どのように学ぶか」という学びの質を重視した改善を図っていく」として、アクティブ・ラーニングを、「主体的・対話的で深い学び」（「アクティブ・ラーニング」の視点）と括弧書きで述べている[42]。それだけに、現行学習指導要領の注目点の一つは、「学びの過程の重視」を基軸にした新たな教育の方向性をどのように描くかにある。

そして、この答申を受けて出された現行学習指導要領では、「主体的・対話的で深い学びの実現に向け」、児童・生徒が「見方・考え方」をはたらかせながら、①知識を相互に関連づけてより深く理解する、②情報を精査して考えを形成する、③問題を見いだして解決策を考えたり、思いや考えをもとに創造する、などに向かう「過程を重視した学習の充実を図る」ことを述べている。

この「学びの過程の重視」は、これまでの教授・学習方法の転換を求めるものである。アクティブ・ラーニングと関わり、文部科学省のある視学官は、授業の質的向上に向けた二つの転換に意識した取り組みを求めている。その一つは、「暗記・再生型から思考・発信型の授業への転換」であり、もう一つは「教師中心から学習者中心の授業への転換[43]」である。学ぶ子どもの視点に立った「受動的学習から能動的学習」への転換、学びの「過程を重視した学習」への転換である。

しかしこうした教授・学習方法の転換は、これまでも提起されてきた課題だった。いまから約二十年前（一九九八年）の教育課程審議会答申に、次のような指摘がある。

これからの学校教育においては、これまでの知識を一方的に教え込むことになりがちであった教育から、自ら学び自ら考える教育へと、その基調の転換を図り、子どもたちの個性を生かしながら、学び方や問題解決などの能力の育成を重視する[44]（略）。

「知識の一方的な教え込み」から、「自ら学び自ら考える」教育への転換、「学び方や問題解決などの能力の育成を重視」する教育への転換である。現行学習指導要領に登場した「主体的・対話的で深い学び」は、この「自ら学び自ら考える」子ども像と密接不可分の関係にある。それは、戦後教育の方向性を示した『新教育指針』での「自ら考え自ら判断する」子ども像の再確認でもある。

批判的思考力（クリティカル・シンキング）

「自ら考え自ら判断する」子ども像は、今日の教育のキーワードである「生きる力」の育成とも深く関わっている。文部科学省のウェブサイトには、「生きる力」に関して次のような説明がある。

変化の激しいこれからの社会を生きる子どもたちに身に付けさせたい「確かな学力」、「豊かな人間性」、「健康と体力」の三つの要素からなる力[45]

そして、「生きる力」を構成する要素の一つとしての「確かな学力」を次のように説明している。

知識や技能はもちろんのこと、これに加えて、学ぶ意欲や自分で課題を見付け、自ら学び、主体的に判断し、行動し、よりよく問題解決する資質や能力等まで含めたものこの「確かな学力」の主要な部分である「自分で課題を見付け、自ら学び、主体的に判断し、行動し」という指摘は、『新教育指針』で強調された「自ら考え自ら判断する」ことの重要性の指摘でもある。そして、「疑問をどこまでも追いかけ、自分のあたまで考えろ」という叔父さんのコペル君への指摘とも重なる。それは、「学力」の中身だけでなく「どのように学ぶか」（学びの質や深まり）という「学びの過程」のプロセスをも示している。

その「生きる力」と関連し、文部科学省のウェブサイトには、さらに次のような解説がされている。

これからの社会を生きる子どもたちは、自ら課題を発見し解決する力、コミュニケーション能力、物事を多様な観点から考察する力（クリティカル・シンキング）、様々な情報を取捨選択できる力などが求められると考えられます。(46)

クリティカル（critical）とは「批判的な」という意味である。だから、クリティカル・シンキング（critical thinking）とは、物事や情報を無批判に受け入れるのではなく、多様な角度から「よしあしを判定」し、「見分け」、「分析・検討」し、論理的・客観的に理解する思考法である。それは、「学びの過程」のありようと関わると同時に、情報の向き合い方とも深く関わっている。一つの情報を鵜呑みにしないで、多様な情報を比較検討しながら自分の考えを確立していくこと、すなわち情報の入手から始まり、分析、加工、発表する一連の営みが大切である。情報の分析とは、入手した情報の真偽、妥当性を見極める営みであり、その営みに批判的思考力が内在化されていなければ分析はできない。そうした分析を経た情報を目的に合致するように加工して外部に発表する営みは、「自ら学び自ら判断する」プロセスそのものである。そして、この批判的思考力に関わる一連の営みは、学校図書館での「利用教育」（学び方の学び）の中核をなしている。

この批判的思考力が、図書館利用教育での重要な要素であることを早い時期から指摘したのは平久江祐司（元筑波大学教授）である。平久江は、「批判的思考の育成」が重要になる背景には「大量の情報とともに多くの誤った情報が生み出されることになり、手近な情報への安易な依存は、極めて危機的な状況を生みだすことになる」という社会状況があるという。そのため「情報を吟味し、適正な情報を学習や実生活上の問題解決に利用していく能力として情報を批判的に評価する能力が重要な役割を果たすことになる」と論じる。そして批判的思考が、①情報の評価に必要な能力であり、②学ぶ力の育成に寄与するとし、「図書館利用教育に批判的思考の概念を取り入れることが情報活用能力の育成に有効である」[47]と論じる。

こうした平久江の「視点」は、現行学習指導要領に示された「知識を相互に関連付けより深く理解する」「情報を精査して考えを形成する」こと、そして「どのように学ぶか」（学びの質や深まり）という「学びの過程」の重要性を指摘している。それだけに、平久江論文はいまから約四半世紀前（一九九六年）に、今日の教育課題を先行的に論じていた。

「本当はどうなっているのか」

二〇一八年に、ノーベル医学生理学賞を受賞した本庶佑（京都大学特別教授）は、受賞の会見で子どもたちに向けて「重要なのは知りたい、不思議だと思う心を大切にすること。教科書に書いていることを信じない。本当はどうなっているのかという心を大切にする。あきらめない。そういう小中学生が研究の道を志してほしい[48]」とエールを送った。批判的思考力の重要性の指摘である。前述した『君たちはどう生きるか』での叔父さんのアドバイスと共通する指摘である。先に紹介したように、叔父さんはコペル君に次のように語っている。

もしも君が、学校でこう教えられ、世間でもそれが立派なこととして通っているからといって、ただそれだけで、いわれたとおりに行動し、教えられたとおりに生きてゆこうとするならば、――コペル君、いいか、――それじゃあ、君はいつまでたっても一人前の人間になれないんだ。[49]

叔父さんはコペル君に、学校で、社会で当たり前のこととして通っていることを疑い、疑問をどこまでも追いかけて自分の頭で考えろ、と問いかけている。「主体的・対話的で深い学び」は、この「所与」（学校、社会など）のことに対する疑問なくして進まない。

しかし、先の文部科学大臣の「諮問」では、わが国の子どもたちが、「判断の根拠や理由を示しながら自分の考えを述べることについて課題が指摘」されていると述べている。だが、「判断の根拠や理由」が必要なのは、ある「疑問」をもち、それに対する回答を必要とするときである。批判的思考力なくして、この新たな「学び」(「主体的・対話的で深い学び」)を支えることはできない。「主体的な学び」も「深い学び」も、懐疑や疑問と向き合いながら進むものである。

そして「判断の根拠や理由を示す」には、与えられた情報だけに依拠するのではなく、様々な情報を自ら入手し、それを読み比べ見比べながら、納得して解決への道をたどることが必要である。そのプロセスを保障する有力な教育環境が、学校図書館である。学校図書館の資料と「人」によるサービスがこうしたプロセスを支えるのであり、子どもたちの「主体的・対話的で深い学び」は学校図書館機能の発揮を内在化している。

こうした指摘は、すでに六十年以上も前(一九五四年)、学校図書館法が成立した頃になされていた。戦後の学校図書館に行政の側から尽力をした深川恒喜(元文部事務官、元東京学芸大学教授)は、「学校図書館の理念」という文章で、次のように述べている。

> 自主性自律性や判断力を可能にするものは、思考であり、思索であるが、今日の児童生徒の学習態度をみると、とりわけ「深く考える」という態度が乏しいといわれる。(略)そこで深く考える経験をもたせるために、すぐれた書物と対座する時間を持たせることは、この意味からも重要である。(50)

「深く考える」ために読書が不可欠だという指摘である。読書を通した思索が「深い学び」を生み出し、自主的な子どもを培うという指摘である。こうした指摘をした深川恒喜は、前述の『学校図書館の手引』の編集主任を務めた人物である。

「自己肯定感や学習意欲、社会参画の意識等が低い」

他方、先の文部科学大臣の「諮問」は、さらに次のような重要な指摘をしている。

我が国の子供たちについては、(略)自己肯定感や学習意欲、社会参画の意識等が国際的に見て低いことなど、子供の自信を育み能力を引き出すことは必ずしも十分にできておらず、教育基本法の理念が十分に実現しているとは言い難い状況です。[51]

わが国の子供たちには、「自己肯定感や学習意欲、社会参画の意識等が国際的に見て低い」という指摘である。文部科学大臣自らが、わが国の子どもたちは「自己肯定感」が低いと指摘している。実は、この「諮問」が出される前年(二〇一三年度)に内閣府がおこなった調査に「我が国と諸外国の若者の意識に関する調査」[52]がある。調査対象は満十三歳から二十九歳までの男女であり、この調査には、「自己肯定感」と密接に関わる設問がある。「自分自身に満足しているか」「自分には長所があるか」という設問である。これらに対するわが国の若者の回答は、「そう思う」「どちらかといえばそう思う」を含めて、それぞれ四五・八%、六八・九%である。いずれも調査対象国(日本、韓国、アメリカ、イギリス、ドイツ、フランス、スウェーデン）のなかで最低である。「諮問」で指摘されたわが国の子どもや若者の自己肯定感の低さは、内閣府（政府）の調査でも明らかにされていた。

また、「諮問」の翌年（二〇一五年八月）に発表された「高校生の生活と意識に関する調査報告書」[53]（国立青少年教育振興機構）がある。この調査では、①「自分はダメな人間だと思うことがある」という問いに対し、日本：七二・五％、アメリカ：四五・一％、中国：五六・四％、韓国：三五・二％、②「自分の希望はいつか叶うと思う」という問いに対して、日本：六七・八％、アメリカ：八三・九％、中国：八〇・七％、韓国：八二・六％、である。これらの結果から明らかなことは、日本の高校生は他の三カ国の高校生と比較して全体的に自尊心が低く、自己否定的（ネガティブ思考が強い）で、未来への希望・期待が低いということである。こうした「自己肯定感」の低さは、「主体的な学び」に取り組む意欲を欠くことになりかねない。また、それは学習意欲の減退と結び付き、学習の質的低下を招きかねない。

さらに、文部科学大臣が指摘している「社会参画」の意識の低さも深刻である。先の内閣府の調査（二〇一三年度）結果でも、「参加により、社会現象が変えられるかもしれない」と思う若者の割合は、「そう思う（六・一％）」「どちらかといえばそう思う（二四・一％）」を合わせて三〇・二％で、この割合も調査対象国（七カ国）のなかで最低である。この「社会参画」の意識の低さは、この国をどのように変えていこうとするのかという、主権者としてのありようにも深く関わっている。[54]

こうしたわが国の子どもの否定的な意識を肯定的な意識へと転換させたい、子どもの自己認識をもっと前向きに変えていきたい。「主体的・対話的で深い学び」は、子どもたちの現実を背景に登場した新たな学びの手法である。子どもたちに「主体的・対話的で深い学び」が欠けていて、そのためそうした学びを実践することが今日の教育の喫緊の課題である、という現状認識の下に登場してきた新しい概念なのである。

4　批判的思考力を支える条件

批判的思考力と学校教育

では、その「主体的・対話的で深い学び」を実現するにはどのような要件が求められるのか、その要件をあるデータとともに考えてみたい。OECD（経済協力開発機構）が実施した「国際教員指導環境調査」である。この調査は、教員や校長の勤務環境や学校の学習環境に焦点を当てた国際調査で、二〇一八年実施の第三回調査には、OECD加盟国など日本を含む四十八カ国・地域が参加した。その調査での中学校教員の授業での取り組みに関し、次の課題に対して「頻繁に行っている」と回答した教員の割合は次のとおりである。[55]

①「批判的に考える必要がある課題を与える」
日本：一二・六%、参加国平均：六一・〇%
②「明らかな解決法が存在しない課題を提示する」

日本：一六・一％、参加国平均：三七・五％

③「複雑な課題を解く際に、その手順を各自で選択するよう児童生徒に指示する」

日本：二四・九％、参加国平均：四七・〇％

これらの取り組みは、「主体的・対話的で深い学び」を重視する現行学習指導要領の根幹部分である。それだけに、この結果は、わが国の教育では、「主体的な学び」も「深い学び」もきわめて不十分だということを示している。この結果について、文部科学省の担当者は「これからの時代に対応した指導ができていない。新指導要領の内容について周知徹底したい」と話している（「朝日新聞」二〇一九年六月二十日付）。

ちなみに、五年前（二〇一三年）の第二回調査（参加国：ＯＥＣＤ加盟国など三十四カ国・地域）では、「主体的な学びの引き出しに自信を持つ教員の割合」は、次のようになっている。[56]

①「批判的思考を促す」

日本：一五・六％、参加国平均：八〇・三％

②「勉強ができると自信を持たせる」

日本：一七・六％、参加国平均：八五・八％

③「関心を示さない生徒に動機付け」

日本：二一・九％、参加国平均：七〇・〇％

これらの項目もいずれも「主体的な学び」と深く関わる内容だが、どれも、わが国の教員の自信の低さが際立っている。特に「批判的思考を促す」ことに対する自信の低さは、「主体的・対話的で深い学び」の根底を揺るがす問題である。教師の側に「深い学び」を推進するスキルがないと、子どもの間の学力や認識の格差は一層拡大する。

　こうした傾向は、同じくOECDが実施した「生徒の学習到達度調査（PISA）」（二〇一八年調査）の結果にも表れている。同調査（三十七カ国参加）で、わが国の子どもの「読解力」が、二〇一五年調査（六位）に比し、一八年調査で十一位に下落したことが社会的にも大きな問題になった。文部科学省も、今回（二〇一八年）の読解力の調査結果を、平均得点が比較可能な〇〇年、〇九年と一八年（読解力が中心分野の回）の調査結果をふまえ、次のように分析している。[57]

①「情報を探し出す」能力については、二〇〇九年調査結果と比較すると、その平均得点が低下。
②「評価し、熟考する」能力については、二〇〇九年調査結果と比較すると、平均得点が低下。特に、一八年調査から、「質と信ぴょう性を評価する」「矛盾を見つけて対処する」が定義に追加され、これらを問う問題の正答率が低かった。
③また、各問題の解答状況を分析したところ、自由記述形式の問題では、自分の考えを根拠を示して説明することに、引き続き課題がある。誤答には、自分の考えを他者に伝わるように記述できず、問題文からの語句の引用だけで説明が不十分な解答になるなどの傾向が見られる。

「質と信ぴょう性を評価する」「矛盾を見つけて対処する」を問う問題の正答率が低かったという指摘に、わが国教育の問題点が凝縮されている。

　前述のように、現行学習指導要領は「総則」で、「主体的・対話的で深い学び」と関わり、児童・生徒が、学習過程で、各教科などの特質に応じた「見方・考え方」をはたらかせながら、①知識を相互に関連づけてより深く理解し、②情報を精査して考えを形成したりすることの重要性を指摘している。しかし、批判的思考力がなければ、「知識を相互に関連付けてより深く理解」することも「情報を精査して考えを形成」することも不可能である。そして、「深い学び」を実践することも不可能である。

同時に、「批判的に読み解く」ことは、メディアリテラシーの基本である。図書館資料を検索する際も、読み比べ見比べして、その情報が「自己に合致した情報」であるか否かを確認することになるが、読み比べ見比べには、当該情報の真偽、正否、是非などを判断することが含まれている。「取り出し」「比較し」「選び抜く」力である。そうしたプロセスを担保するのが批判的思考力（クリティカル・シンキング）である。

それだけに、「主体的・対話的で深い学び」が実現するには、教師自身もまた批判的思考力を有していることが不可欠である。たとえ教師自身がどんなに多くの情報を得ていても、教師自身がそれらの情報を「批判的に読み解く」ことがなければ、子どもに「批判的思考を促す」ことも「主体的な学び」「深い学び」を実現することもできない。それには、学校全体が、そうしたことが実現できる状態になっているかも問われている。

このことは今日の社会状況とも深く関わっている。『君たちはどう生きるか』に関し、同書が出版された時代と現在の社会状況を重ねて読む人が多いという指摘もある。当時は日本が戦争へと突き進み、社会に閉塞感が強まった時期だったが、周囲の空気を読んで忖度する現在の社会と似ているという見方である。そうしたなかでは、「主体的な学び」も「深い学び」も実現できない。学校から自由な雰囲気が失われ、社会が同調圧力を強める風潮のなかでは、批判的思考力は生まれない。「みんなと同じがいちばん」、そうしたなかでは批判的思考力は生まれにくくなる。表現の自由が保障され、学校に自由な風が流れなくては、教師に批判的思考力は育たない。文部科学省が、「主体的・対話的で深い学び」を教育現場に根づかせることを考えているのなら、風通しがいい教育行政のあり方も同時に問われている。

それだけに、『新教育指針』で述べられた「自ら考え自ら判断する」というフレーズがあらためて思い出される。また、八十年前の作品『君たちはどう生きるか』のなかの「学校で、世間で通っていることを疑い、疑問をどこまでも追いかけ、自分のあたまで考えろ」という叔父さんのアドバイスが頭をよぎる。

この国は現在なお、治安維持法下で特高から過酷な尋問を受けた吉野源三郎の「一人前の人間になれ」という問いかけを、まだ真正面から受け止めきれていないのではないかと思い知らされる。「主体的・対話的で深い学び」に向けた教育が始まった今日、教育界に突き付けられた課題にはとても大きなものがある。

「である」ことと「する」こと――あらためて丸山真男の指摘

子どもの学びが「教育を受ける権利」の具体化であるなら、その学びは人権を確保することにつながる。しかし、人権の確保は、そう容易なことではない。日本国憲法は、その人権の基本的性格について、第九十七条で次のように規定している。

この憲法が日本国民に保障する基本的人権は、人類の多年にわたる自由獲得の努力の成果であつて、これらの権利は、過去幾多の試錬に堪へ、現在及び将来の国民に対し、侵すことのできない永久の権利として信託されたものである。

この規定と関わって、戦後の早い時期（昭和二十九年）に出版された日本国憲法の解説書である『註解日本国憲法』では、日本国憲法が保障する基本的人権の性格について、次のように解説している。

基本的人権を唱っている各条文は、その戦いのために斃れた幾多の戦士の流血に彩られている。このような自由獲得のための、絶ゆることのない努力を通じてのみ、基本的人権の真の意義が理解できるのであり、この憲法の予想する自由の花園には、国民自身のあらゆる試練を克服するだけの自覚をまつてはじめて花咲くのである。[58]

「斃れた幾多の戦士の流血」、その対極としての「自由の花園」、そして「試練を克服するだけの自覚」。こうした解説を読むにつけ、歴史に学び、歴史に道を尋ねることは、人権とは何なのかを知るためにも大切なことだと思い知らされる。そしてこの解説は、日本国憲法第十二条に規定された次の条文とも関わっている。

この憲法が国民に保障する自由及び権利は、国民の不断の努力によつて、これを保持しなければならない。

この両条文を読むと、丸山真男の有名な「「である」ことと「する」こと」という論文を思い出す。この論文は高校の国語の教科書にも教材として載っているが、そのなかで丸山は、「権利の上にねむる者は権利を失う」という法の格言を引用しながら、次のように言っている。

私たちの社会が自由だ自由だといって、自由であることを祝福している間に、いつの間にかその自由の実質はカラッポになっていないとも限らない。自由は置き物のようにそこにあるのでなく、現実の行使によってだけ守られる、いいかえれば日々自由になろうとすることによって、はじめて自由でありうるということなのです。その意味では近代社会の自由とか権利とかいうものは、どうやら生活の惰性を好む者、毎日の生活さえ何とか安全に過せたら、物事の判断などはひとにあずけてもいいと思っている人、あるいはアームチェアから立ち上るよりもそれに深々とよりかかっていたい気性の持主などにとっては、はなはだもって荷厄介なしろ物だといえましょう(59)。

（傍点は原文）

日々自由になろうと「する」ことによってだけ自由で「ある」ことができる、とても教訓的な指摘だと思う。だから丸山はまた、すでに紹介したように、先の『君たちはどう生きるか』をめぐる回想」という文章で、世界の「客観的」認識というのは、「どこまで行っても私達の「主体」の側のあり方の問題であり、主体の利害、主体の責任とわかちがたく結びあわされている」、「その意味でまさしく私達が「どう生きるか」が問われている[60]」と論じている。

「どこまで行っても私達の「主体」の側のあり方の問題」という指摘は、とても厳しいものだが、その指摘にも、おまえは「権利の上にねむっていないか」という問いかけがあるのだと思う。常に「主体の側」が問われている。その問いかけに応えるには、自分が置かれた状況を正しく認識し、その先にある方向性を見定めなければならない。そのためには、様々な情報の入手が必要であり、その情報をもとに、自分で考え自分で判断していかなければならない。それは、子どもも教師も同じである。だから、学校には学校図書館が「欠くことのできない」教育環境として位置づけられているのである。

学校図書館法第三条には、「学校には、学校図書館を設けなければならない」と規定されている。「必置」である。全国津々浦々、どんな学校にも、である。その意味には深い思いが込められている。前述のように、学校図書館法が制定されたときの提案理由（補足説明）には、学校図書館は「個性を尊重し」「自発的学習を支える」と述べていたが、「必置」はこの提案理由と深く関わっている。個性豊かで自発的精神に富んだ子どもこそ「自分」をしっかり見つめ、自分で物事に積極的に向かっていくことができる。だから、そうした子どもこそ「自ら考え自ら判断」できる子ども、批判的思考力を有した子どもになるのである。学校図書館法は、「自ら考え自ら判断」できる子ども、批判的思考力を有した子どもを育てるという確信の下に、すべての学校に学校図書館を設けたのだと、あらためて捉え直すことが重要である。

それを今日の教育課題に引き付けて捉え返すなら、学校図書館が、すべての子どもたちが「生きる力」を身に付け、「主体的・対話的で深い学び」を実践するための「欠くことができない」教育環境であることをも意味している、と捉えることができる。

『君たちはどう生きるか』の最後は、次の一節で終わっている。

「君たちは、どう生きるか」[61]

この書で問われているのもまた、読み手の私たち自身の「主体」であり、「生き方」なのである。その「主体」のありようが、子どもの学校図書館利用の質を決定し、子どもの学ぶ権利を保障することにもつながるのだと思う。

注

（1）本書で引用する『君たちはどう生きるか』は岩波文庫版によっている。この物語は、一九三七年（昭和十二年）に新潮社から山本有三が編纂した「日本少国民文庫」（全十六巻）に所収された一冊である。同「文庫」には、山本有三をはじめ、菊池寛、豊島与志雄、里見弴などが作品を執筆していて、同書は、第十六巻として配本された。また同書は当初、編纂者の山本有三が執筆する予定だったが、「重い目の病気」のため、吉野が書くことになった（吉野源三郎「作品について」『君たちはどう生きるか』〔岩波文庫〕、岩波書店、一九八二年、三〇三ページ）。
（2）宮内庁「天皇陛下のご感想（新年に当たり）」二〇一五年（http://www.kunaicho.go.jp/okotoba/01/gokanso/shinnen-h27.html）［二〇二〇年一月二十日アクセス］
（3）前掲「作品について」三〇二ページ
（4）同論文三〇二ページ
（5）前掲『君たちはどう生きるか』八一―八二ページ
（6）同書九五―九六ページ
（7）同書五五―五六ページ
（8）松村明／三省堂編修所編『大辞林 第四版』三省堂、二〇一九年、九六六ページ
（9）唐澤富太郎『教科書の歴史――教科書と日本人の形成』創文社、一九五六年、四三三ページ
（10）渡邊重夫『学校図書館の対話力――子ども・本・自由』青弓社、二〇一四年、八八ページ
（11）前掲『君たちはどう生きるか』五六ページ
（12）同書二六―二七ページ
（13）丸山真男「『君たちはどう生きるか』をめぐる回想――吉野さんの霊にささげる」、同書所収、三一〇ページ
（14）前掲『君たちはどう生きるか』二一、八六―八八ページ
（15）前掲「『君たちはどう生きるか』をめぐる回想」三一五ページ
（16）同論文三一五ページ
（17）丸山真男「日本ファシズムの思想と運動」『現代政治の思想と行動』上、未来社、一九五六年、二八ページ

(18) 前掲「作品について」三〇四ページ

(19) 篠田正浩「この国の起こりは」「朝日新聞」二〇一五年十月二十五日付

(20) 三浦綾子、三浦光世選『塩狩峠 道ありき』(「三浦綾子小説選集」第三巻)、主婦の友社、二〇〇一年、二二六―二二七ページ

(21) 「第89回帝国議会 衆議院 予算委員会 第8号 昭和20年12月10日」「帝国議会会議録検索システム」(https://teikokugikai-i.ndl.go.jp/#/detail?minId=008913541X00819451210¤t=1)[二〇二〇年一月十四日アクセス]

(22) 同ウェブサイト

(23) 「新教育指針」、寺崎昌男責任編集、小川利夫/平原春好企画・編集『戦後教育改革構想』第一期第二巻(日本現代教育基本文献叢書)所収、日本図書センター、二〇〇〇年、七ページ

(24) 同資料七ページ

(25) 札幌市立創成小学校編『創成百年――札幌の生いたちとともに』創成小学校創建百年記念事業協賛会、一九七一年、一〇六―一〇七ページ

(26) 三石初雄「敗戦直後の科学教育政策と教育基本法」、日本科学者会議教育基本法と科学教育研究委員会編『教育基本法と科学教育――子どもと教育基本法を守るために』所収、創風社、二〇〇四年、七九ページ

(27) 前掲『君たちはどう生きるか』二五五ページ

(28) 「第16回国会 参議院 文部委員会 第12号 昭和28年7月24日」(https://kokkai.ndl.go.jp/#/detail?minId=101615115X01219530724¤t=1)[二〇二〇年一月二十日アクセス]

(29) むのたけじ『詞集たいまつ』第一巻(評論社の新書)、評論社、一九八二年、三五ページ

(30) 前掲『君たちはどう生きるか』二五六ページ
(31) 「最高裁判決（一九七六年五月二十一日）」、判例時報社編「判例時報」第八百十四号、判例時報社、一九七六年、三三ページ
(32) 深川恒喜「「学校図書館の手引き」編集の前後」、全国学校図書館協議会編「学校図書館」一九六八年十月号、全国学校図書館協議会、一九六八年、四九ページ
(33) 中村百合子「『学校図書館の手引』にみる戦後初期の学校図書館論の形成」、日本図書館情報学会編「日本図書館情報学会誌」第五十一巻第三号、日本図書館情報学会、二〇〇五年、一〇五ページ
(34) 編集部「学校図書館運動の展望」、全国学校図書館協議会編「学校図書館」一九五〇年創刊号、全国学校図書館協議会、五七ページ
(35) 文部省編『学校図書館の手引』師範学校教科書、一九四八年、三ページ
(36) 同書四ページ
(37) 前掲「新教育指針」二六ページ
(38) 辻田真佐憲『大本営発表――改竄・隠蔽・捏造の太平洋戦争』（幻冬舎新書）、幻冬舎、二〇一六年、六ページ
(39) 前掲『学校図書館の手引』四ページ
(40) 文部科学大臣「初等中等教育における教育課程の基準等の在り方について（諮問）」二〇一四年十一月二十日（http://www.mext.go.jp/b_menu/shingi/chukyo/chukyo0/toushin/1353440.htm）［二〇二〇年一月二十日アクセス］
(41) 同諮問
(42) 中央教育審議会「幼稚園、小学校、中学校、高等学校及び特別支援学校の学習指導要領等の改善及

び必要な方策等について（答申）」二〇一六年十二月二十一日（https://www.mext.go.jp/b_menu/shingi/chukyo/chukyo0/toushin/1380731.htm）［二〇二〇年一月二十日アクセス］

（43）田村学「学習指導要領改訂の方向性とアクティブ・ラーニング」「学校とＩＣＴ」二〇一五年（http://www.sky-school-ict.net/shidoyoryo/151218/）［二〇二〇年一月二十日アクセス］

（44）教育課程審議会「幼稚園、小学校、中学校、高等学校、盲学校、聾学校及び養護学校の教育課程の基準の改善について（答申）」一九九八年七月二十九日（https://www.nise.go.jp/blog/2000/05/b2_h100729_01.html#TOSHIN）［二〇二〇年一月二十日アクセス］

（45）文部科学省「確かな学力」（http://www.mext.go.jp/a_menu/shotou/gakuryoku/korekara.htm）［二〇二〇年一月二十日アクセス］

（46）文部科学省「学校・家庭・地域が力をあわせ、社会全体で、子どもたちの「生きる力」をはぐくむために」二〇一〇年八月（http://www.mext.go.jp/a_menu/shotou/new-cs/pamphlet/__icsFiles/afieldfile/2011/07/26/1234786_1.pdf）［二〇二〇年一月十五日アクセス］

（47）平久江祐司「学校図書館利用教育における批判的思考の育成——情報の評価スキルとしての役割」、日本図書館情報学会編「図書館学会年報」第四十二巻第四号、日本図書館情報学会、一九九六年、一八一—一九八ページ

（48）「朝日新聞」二〇一八年十月二日付

（49）前掲『君たちはどう生きるか』五五—五六ページ

（50）深川恒喜「学校図書館の理念——学校図書館はなぜつくらなければならないか」、全国学校図書館協議会編「学校図書館」一九五四年四月号、全国学校図書館協議会、一〇ページ

（51）前掲「初等中等教育における教育課程の基準等の在り方について（諮問）」

（52）内閣府「平成25年度 我が国と諸外国の若者の意識に関する調査」二〇一四年六月（https://www8.cao.go.jp/youth/kenkyu/thinking/h25/pdf_index.html）［二〇二〇年一月十五日アクセス］
　この調査に見られる傾向はその後も変わっていない。内閣府「日本の若者意識の現状――国際比較からみえてくるもの」二〇一八年版（https://www8.cao.go.jp/youth/whitepaper/r01gaiyou/pdf/b1_00_01_01.pdf［二〇二〇年一月十六日アクセス］）によると、一八年に実施した同様の調査でも、「自分自身に満足している」「自分には長所がある」という設問に対するわが国の若者の回答は、「そう思う」「どちらかといえばそう思う」を含めて、それぞれ四五・一％、六二・二％である。「そう思う」だけに限定すると、「自分自身に満足している」割合は一〇・四％、「自分には長所がある」割合は一六・三％である。ちなみに、アメリカは、それぞれ五七・九％、五九・一％である。この割合も、調査対象国（日本、韓国、アメリカ、イギリス、ドイツ、フランス、スウェーデン）のなかで最低である。同調査結果でも、内閣府は「日本の若者は、諸外国の若者と比べて、自身を肯定的に捉えている者の割合が低い傾向にあるが、日本の若者の自己肯定感の低さには自分が役に立たないと感じる自己有用感の低さが関わっている」と分析している。
（53）国立青少年教育振興機構「高校生の生活と意識に関する調査報告書――日本・米国・中国・韓国の比較」二〇一五年八月（http://www.niye.go.jp/kenkyu_houkoku/contents/detail/i/98/）［二〇二〇年一月十六日アクセス］
（54）「社会参画」に関する意識調査には、日本財団が、二〇一九年九月下旬から十月上旬にかけておこなった、十七歳から十九歳男女各国千人を対象にした「社会や国に対する意識調査」がある（日本、インド、韓国、イギリス、アメリカなど九カ国対象）。それによると、「自分で国や社会を変えられると思う」という問いに対する日本の割合はわずか一八・三％で、残る八カ国で最も低い韓国（三九・

六%）の半分以下である。上位三カ国は、インド：八三・四%、インドネシア：六八・二%、アメリカ：六五・七%である。国の将来像に関しても「良くなる」という日本の割合：九・六%は、トップの中国：九六・二%の十分の一。逆に「悪くなる」（三七・九%）は、イギリス：四三・四%に次いで下位から二番目である。全体に、途上国と欧米先進国のいずれと比べても意識の低さが際立つ調査結果である。日本財団「18歳意識調査「第20回――社会や国に対する意識調査」要約版」二〇一九年十一月三十日（https://www.nippon-foundation.or.jp/app/uploads/2019/11/wha_pro_eig_97.pdf）［二〇二〇年一月十九日アクセス］

(55)「OECD国際教員指導環境調査（TALIS）2018報告書――学び続ける教員と校長――のポイント」（https://www.mext.go.jp/component/b_menu/other/__icsFiles/afieldfile/2019/06/19/1418199_2.pdf）［二〇二〇年一月十五日アクセス］

(56)「OECD国際教員指導環境調査（TALIS）のポイント」（https://www.nier.go.jp/kenkyukikaku/talis/imgs/talis_points.pdf）［二〇二〇年一月十五日アクセス］

(57) 文部科学省・国立教育政策研究所「OECD生徒の学習到達度調査2018年調査（PISA2018）のポイント」二〇一九年十二月三日（https://www.nier.go.jp/kokusai/pisa/pdf/2018/01_point.pdf）［二〇二〇年一月十五日アクセス］

(58) 法学協会編『註解日本国憲法』下、有斐閣、一九五四年、一四六三ページ

(59) 丸山真男「「である」ことと「する」こと」『日本の思想』（岩波新書）、岩波書店、一九六一年、一五五―一五六ページ

(60) 前掲「『君たちはどう生きるか』をめぐる回想」三一七ページ

(61) 前掲『君たちはどう生きるか』二九九ページ

第2章　子どもを育てる読書の「力」
――読書は子どもの「栄養素」

1　読書は成長への「螺旋階段」

「絵本」の世界へどうぞ

「いない　いない　ばあ　にゃあにゃが　ほらほら　いない　いない……」「ばあ」。ねこちゃんの次は、くまさん、ねずみさん、きつねさんが。そして最後にのんちゃんが「いない　いない　ばあ」。

多くの子どもがそして大人も、この「いない　いない　ばあ」に心を癒されてきた。くま、ねずみ、きつねなどの動物たちが、ページをめくるたびに「いない　いない　ばあ」。そして最後に自分の子どもの名前を呼んで、「いない　いない　ばあ」。

一九六七年の刊行以来、多くの人々に親しまれつづけてきた絵本『いない いない ばあ』（松谷みよこ文、瀬川康男絵〔松谷みよ子あかちゃんの本〕、童心社）は、本格的な赤ちゃん絵本の定番である。七八年には「よい絵本」（全国学校図書館協議会）の一冊に選定されている。童心社のウェブサイトによると、現在は六百八十万部を超える日本でいちばん売れている絵本である（トーハン「ミリオンブック」二〇二〇年調べ）。著者・松谷みよ子は、児童文学者で「モモちゃんとアカネちゃんの本」シリーズが子どもの人気を博し、七五年に『モモちゃんとアカネちゃん』[1]で赤い鳥文学賞を受賞、八〇年には『私のアンネ＝フランク』[2]で日本児童文学者協会賞を受賞している。

絵本は子どもにとっての「栄養素」である。ビタミンもたんぱく質も大切な栄養素だが、絵本は子どもの心を育てる大切な栄養素である。そしてその絵本は、子どもにとっては、新しい世界への入り口である。大学の講義で、学生に「思い出の絵本はある？」と聞くと、ほとんどの学生はすぐさま何冊かを思い浮かべ、うれしそうにその絵本の思い出を語り始める。お母さんやお父さんを、そして読み聞かせの先生を思い浮べるのだろうか、一様にやさしい語り口と笑顔になる。

絵本は、子どもだけではなく、大人にも大きな感動を与える。大人になってから、かつて読んだ絵本のページをめくると、子どものときには何げなく読んでいた言葉が胸に染み入り、当時には得られなかった感動が湧き起こることがある。アメリカの作家シェル・シルヴァスタインの『おおきな木』[3]も子どもに人気の絵本の一冊である。いつでもそこにある木。少年は成長して大人へ、そして老人へと変わっていく。それでも木は、変わっていくその少年に惜しみない愛を与え続ける。実を与え、枝を与え、そして幹さえも与えてしまう。それにもかかわらず、どんなときも、「きはそれで　うれしかった…　だけど　それは　ほんとかな」。

この絵本を、子ども時代に読んだときと大学生になってからあらためて読んだときでは、感じ方は異なるようである。この絵本を思い出の一冊にあげた学生がいた。故郷を離れて大学生活を過ごしている学生である。その学生は、「無償の愛」をいまもなお与え続けてくれる故郷の両親への感謝を心に秘めているのかもしれない。そして、この絵本は、様々な解釈ができる（木は、本当に幸せだったのかな？　木が少年にしてあげたことは、少年のためになったのかな？）点でもすばらしい作品だと思う。

経験を積み重ねることによって、子ども時代とは異なった感想を得ることができる絵本。その世界の懐の深さをあらためて感じる大人もたくさんいると思う。その絵本を出発点として、童話、物語そして小説へと続く読書の世界。だから、子どもにはその栄養素をできるだけ早い時期から与えたいと思う。絵本を見て笑う、驚く、悲しむ、喜ぶ、はしゃぐ、考える……。絵本には、子どもが成長するためのたくさんの「栄養素」が詰まっている。[4]

「ブックスタート」

「ブックスタート」の始まり

その絵本の世界に「赤ちゃん、ようこそ！」と、赤ちゃんと絵本を結び付ける「ブックスタート」事業を展開している街が全国に数多くある。

ブックスタートとは、地域のすべての赤ちゃんとその保護者を対象に、乳児検診などの機会を利用して、絵本の読み聞かせとともにそのメッセージを伝え、絵本を手渡すという活動である。この事業は一九九二年に、イギリスの第二の都市バーミンガムで教育基金団体であるブックトラスト（Booktrust）が中心になって始まった。そのキャッチフレーズは「Share books with your baby!」。この言葉に象徴されるように、この取り組みは、絵本を「読む（read books）」のではなく、赤ちゃんと絵本の楽しい世界を「共有する（share books）」ことである。「絵本をひらくことで、だれもが楽しく、赤ちゃんとゆっくり心ふれあうひとときをもてるように[5]」という思いのなかで生まれた事業である。

日本では、二〇〇〇年の「子ども読書年」を機にブックスタートが紹介され、〇一年にブックスタート支援センターが発足（二〇〇四年には、NPOブックスタートに改称）し、同年四月に全国十二自治体で本格的な実施が始まり全国に広まった。二〇一〇年四月現在、NPOブックスタートの調査によると、全国千五十五市区町村でこの事業に取り組んでいる。[6]同月の全国の市町村は千七百二十四なので、[7]実施自治体は六一％に及んでいる。

恵庭市の取り組み

「花とガーデニング」の街として全国的に名高い北海道恵庭市も、ブックスタートをおこなう街の一つである。恵庭市は、JR快速で新千歳空港から十三分、札幌から二十四分。空港と札幌のほぼ中間に位置する人口約七万人の道央の中核都市である。その恵庭市は、図書館活動（サービス）が活発な街である。「本と出会い 人と出会い つながりひろがる 読書のまち 恵庭市」（「恵庭市読書活動推進計画」）にあるように、条例（「恵庭市人とまちを育む読書条例」、二〇一三年四月一日施行）で同市を「読書のまち」と定めている。

恵庭市は、図書館だけが図書館ではない。「恵庭まちじゅう図書館」である。ギャラリー、そば店、スナック、花カフェ、ベーカリー、銀行、企業など、ほんの少しのスペースに、店長や経営者などのお気に入りの本を展示していて、訪れた人に自由に読んでもらうという取り組みがなされている。本当に図書館が「まちじゅうに」ある。

その恵庭市図書館は、すべての市民にきめ細かな図書館サービスを展開している。乳幼児の子育てを応援し、学齢期の子どもの学びを支え、自立した市民の支援へと、図書館サービスは一直線で結ばれている。「子育て支援」―「学びの支援、育ちの支援」―「市民の自立支援」である。その恵庭市図書館の「子育て支援」策の一つが、絵本を軸としたブックスタートである。

恵庭市のブックスタートは、先行十二自治体と同時に二〇〇一年四月に始まった。現在は、市保健センターで毎月実施される九カ月・十カ月児健診時に、乳児と保護者に「ブックスタートパック」を配付している。そのなかには、図書館が用意する絵本（二冊）、赤ちゃん絵本ガイドなどの他、子育て支援センターが用意する配付物も入っている。そしてこの事業には、〇七年四月から「ブックスタートプラス」が加わった。「プラス」とは、一歳六カ月健診時に、絵本（図書館が用意した六種類のなかから一冊を保護者が選択）や絵本ガイドをプレゼントするというものである。最初のブックスタート（九カ月・十カ月）の際は、図書館員が絵本を「用意」したが、プラス（一歳六カ月）の際は赤ちゃんが好きな絵本を一冊「選択」することになっている。赤ちゃん個々人の成長（興味・関心など）に合わせて選択の機会を提供していることは興味深い。最近の実施状況（二〇一八年度）は、ブックスタートパック配布数四百八十七個（対象者五百九十八組、配付率八一％）、ブックスタートプラスパック配布数四百九十二個（対象者六百二十九組、配付率七八％）である。

絵本の配布を受けた保護者に対するアンケートでも、「ブックスタートの後、ご家庭で変わったことはありますか？」という質問に対する上位三位の回答は次のとおりである。

①子どもがブックスタートでもらった絵本に興味を示すようになった（二百五件、四六・四％）。
②子どもが家にある絵本に興味を示すようになった（百六十一件、三六・四％）。
③絵本を買うようになった（八十一件、一八・三％）。
（比率は全回答件数〔四百四十二件〕に占める各回答件数の割合）

配布率（八〇％前後）とアンケート結果を見ても、この事業が市民に理解され支持されていることがわかる。[8] これまでは、主として母親が絵本を読み聞かせていたが、図書館員が読む絵本を子どもと一緒に聞いている、そのときの母親の顔は笑顔に輝いていると思う。この「ブックスタート」を契機に父親も読み聞かせをするなら、その様子を見ている母親もきっとうれしいはずである。そして、読み聞かせのために、子どもが就寝する前に帰宅しようとする父親／母親も増えるかもしれない。それは、「働き方」を自ら変えることにつながる。仕事は取り返せても、育児の時間は取り返せない。赤ちゃんと絵本の楽しい世界を「共有する」（share books）ブックスタートは、子育てのありようをも変えることにつながっていく。そして「町」を変革する原動力にもなるのである。

子ども期の読書は、子どもも大人も成長させる

どんな親も、子どもが健康に育ってほしいと願っている。病気をせずに（あるいは克服し）、子どもが希望を達成し、成長を遂げてほしいと思っている。そして自立した個性豊かな子どもに育ってほしいという思いもすべての親の思いである。健康のためには、十分な食べ物（栄養）や運動が不可欠だが、「自立的、個性的」な子どもに育つにはどうしたらいいのか。ブックスタートから始まる読書が、そうしたことに寄与しているかもしれない。

子どもの頃の読書活動が、成長してからの意識や能力にどのような影響や効果を及ぼしているのか、そうしたことに関する興味深い調査がある。「子どもの読書活動の実態とその影響・効果に関する調査研究」で、国立青少年教育振興機構が二〇一二年三月に実施したものである。この調査は成人（二十代―六十代）、青少年（中学生、高校生）を対象に調査しているが、青少年では高等学校二年生二百七十八校・一万二百二十七人、中学校二年生三百三十八校・一万九百四十一人、合計二万千百六十八人を対象にしている。そして、この調査では、次のような結果を紹介している。

就学前から中学時代までに読書活動が多い高校生・中学生ほど、「未来志向」、「社会性」、「自己肯定」、「意欲・関心」、「文化的作法・教養」、「市民性」、「論理的思考」のすべてにおいて、現在の意識・能力が高い。(9)

そして、それぞれの項目には、次のような事項が含まれている（抜粋）。

・未来志向

職業意識：できれば、社会や人のためになる仕事をしたいと思う。
将来展望：私には将来の目標がある。
自己啓発：自分の能力を発揮するために学習や能力開発に取り組みたい。
・社会性
共生感：友達がとても幸せな体験をしたことを知ったら、私までうれしくなる。
規範意識：電車やバスに乗ったとき、お年寄りや身体の不自由な人には席をゆずろうと思う。
人間関係能力：けんかをした友達を仲直りさせることができる。
・自己肯定
自尊感情：自分のことが好きである。
充実感：自分の好きなことがやれていると思える。
・市民性：政治・社会的論争に関して自分の意見を持ち論議する。
・論理的思考：複雑な問題について順序立てて考えるのが得意である。

こうした結果を見るにつけ、読書活動は子どもの成長を全面的に支援していることをあらためて知る思いである。特に「未来志向」や「自己肯定」の高さは、子どもの学びと育ちを一歩も二歩も前に進める「起動力」になる。「未来」をしっかりと見据えること、そしてその「未来」をかちとる勇気と自尊心、それらは子どもを成長への階段へと導いていく。身体の成長と心の成長とが相まって子どもは成長の螺旋階段を上っていくが、読書がその心の成長を支える一つの要因になっているのはとても示唆的である。

2　読書の最大の魅力、それは「楽しみ」

読書は「楽しみだ」

なぜ、子どもも大人も読書をするのだろうか。それは、読書自体が楽しみだからである。子どもが、ときには食事も遊びも忘れて一心不乱に本を読んでいる、それは本を読むことが楽しく感動を誘うからである。子どもが親の語りを熱心に聞くのも、読み聞かせに目を大きくさせるのも、本の魅力が子どもを引き付けるからである。本を通して、その著者と対話しその著者の思いに触れ、心揺り動かされるからである。もし、読書に心の震えを感じないなら、子どもはあのじっとした時間を過ごすことはできない。

子どもだけでなく、読書に時を忘れ、われを忘れた経験をもつ大人も多いと思う。程度の差はあれ、多くの人にとって読書は楽しみの手段である。その楽しみは、物語性豊かな筋道に誘い込まれたり、強い感動や共感に揺さぶられたり、本の世界から様々な人生を垣間見たりすることなどによってもたらされる。一人の人間が経験できる人生はみな一回限りだが、読書（特に小説）によって、自分では経験できない別の人生を生きることができる。登場人物の人生と出合うことで、様々な人生を疑似体験できる。それは、新しい世界、未知の世界との遭遇でもある。

全国学校図書館協議会が毎日新聞社と共同で毎年実施している調査に「学校読書調査」がある。

その第六十五回（二〇一九年六月）調査には、「本を読んで現実とは別の世界を楽しむことができた」かという設問がある。「はい」と答えた割合は、小学校四年男子：七六・二％、同女子：八六・三％から始まり、高校三年男子：八五・二％、同女子：九三・八％と段階的に上昇している。[10]子どもたちが、本を読むことで自分では体験できない世界（「現実とは別の世界」）を楽しんでいる様子をうかがい知ることができる。あるいは、読書によってこれまでの人生で経験したことをあらためて体験（追体験）できるが、これは自分の人生の再確認にもなる。こうした遭遇や確認を通して、人生の何たるかを学ぶことができる。その学びのなかに「ワクワク、ドキドキ」がある。多くの人を魅了してやまない読書の魅力、それは読書それ自体が楽しいからである。「ワクワク、ドキドキ」に心の震えを感じるのである。

「読書は楽しみだ！」。それは読書の最大の魅力だと思う。そうした読書への最初の誘いが、赤ちゃんと絵本の楽しい世界を「共有する（share books）」ブックスタートである。

「国民教化」に利用された読書

「敵性文化を駆逐せよ」――『花や咲く咲く』

「読書は楽しみだ！」。しかし、その読書が楽しい営みになるかどうかは時代の影響を強く受けている。読書が個々人の興味・関心から離反し、国家の意向に絡め取られるとき、読書は楽しみとしての特性を失っていく。

一千万部を超えるベストセラーになった『バッテリー』[11]の著者あさのあつこが太平洋戦争下に生

きる少女たちの夢と運命を自由闊達に描いた小説に『花や咲く咲く』がある。そのなかに、一般の人々が言論統制に積極的に協力する場面が出てくる。次の場面である。

今年の初めには、大日本婦人会と町内会が連携し、敵性文化の駆逐を徹底し、神国日本の誇りを守ろうという運動を推し進めた。外国のプロマイド、本、ポスターなどを各戸から集め、広場に積み上げ火を放ったのだ。(12)

大日本婦人会とは、一九四二年（太平洋戦争開始の翌年）に、政府がそれ以前の大日本国防婦人会などの団体を統合し、満二十歳未満の未婚者を除く日本女性で組織した婦人報国運動団体である。その目的は「高度国防国家体制に即応する」ことであり、この目的を達するための事業に「国体観念の涵養、婦徳修練に関する事項」などとともに「国防思想の普及徹底に関する事項」（大日本婦人会「定款」第四条二号）を掲げていた。その団体が「敵性文化の駆逐」を徹底するために、本などを広場に集め火を放ったというのである。

この「火を放った」という場面は、ナチスの焚書を想起させる。一九三三年五月十日の夜、「何千冊もの発禁図書が〝火の呪文（フォイアーシュプリュッヒェ）〟と称するイベントのためにベルリンのオペラ広場に集められ」た。そして、ドイツ学生協会のメンバーたちは、「本を焼く作業に熱心に取り組」み、「人間の鎖を作って本を手から手へ回してから、積み上げた本の山に放りこんでいった」。その数は「二万五〇〇〇冊から九万冊（略）本が投げこまれるたびに、学生はその本が〝死刑宣告〟された理由を発表した[13]」という。「西欧世界が中世紀の末葉このかた、かつて目睹したことのない光景[14]」である。

権力装置としての国家機関が焚書をおこなったのではなく、大日本婦人会、学生といった一般の人々、団体がその先端を担いだのである。戦時中に「隣組 町の手となれ 足となれ」という標語があったが、隣組は国家装置の「手となり足となり」、思想統制と住民統制の役割を担ったのである。住民監視の目は身近にあった。そうしたなかで「敵性文化」とみなされた本は、「国防思想の普及徹底」のために焼かれたのである。

「敵国、仏蘭西の本などに心を動かされ読み耽るなど、皇国の学徒としてもっての外だ」と非難された女学生たちは、「わたしを夢中にさせた」『三銃士』、「本ってこんなおもしろいんだと、途中で閉じられなかった」ダルタニャンなどが活躍する冒険物語を「引出しの奥深くしまい込んだ」のである。「本を読む」という楽しみを奪われたのである。[15]

そして、その対極として「神国日本」に関する本が推奨された。太平洋戦争が始まる直前(一九三九―四〇年)に「文部省推薦児童図書の読書状況調査」が実施された。その概要を記載した報告書がある。それによると、この時期に多く読まれた図書の第一位は「絵本」(「桃太郎」「金太郎」など)で、第二位は「時局的なもの」(「西住戦車長」「愛馬いずこ」など)である。そして同報告書は、教科外での児童の読書は、自学自習、知能の啓発、情操の涵養と並んで「皇民の錬成の上に極めて重大な意義を有する」ために、「児童の読書に最善の注意を払い、優良なる読物を与えることは、教育者のみならず、父兄母姉の主要なる任務の一つ[16]」と解説している。国家が読書を「皇民の錬成」に利用していった様子をうかがい知ることができる。

「お袖を切って下さい」――『紀ノ川』

日中戦争満三年の一九四〇年、ちょうどこの文部省の「読書状況調査」が実施された頃に政府は、「奢侈品等製造販売制限規則」を公布した。「贅沢品」の製造販売の禁止である。そうしたなか、町には「欲しがりません勝つまでは」「ぜいたくは敵だ！」などのスローガンがあふれた。

有吉佐和子が描いた長篇小説に『紀ノ川』がある。和歌山を舞台に、明治・大正・昭和の三代を生きる女性を描いた小説である。そのなかに、主人公が太平洋戦争中、孫娘を連れて日本橋三越を訪れた際の帰路、日本橋の十字路にさしかかったときに、「これをよくごらん下さい」といって一枚のビラを渡された様子が描かれている。葉書大の紙に、大きな太い文字で次のように印刷されていた。

決戦です！
すぐ、お袖を切って下さい！
大日本婦人会東京支部(17)

この頃、各婦人団体は「婦人挺身(ていしん)隊を編成して街へくりだし、警告カードを渡す」ことになり、そのカードには「華美な服装はつつしみましょう。指輪はこの際全廃しましょう（東京市各種婦人団体(18)）」と記してあった。「ぜいたくは敵だ！」は、日常生活の身近にあった。そうしたなか、本を読むことも「軍国」に特化されていった。

そしてこの時代、図書館も国策を遂行するための一組織としての役割を果たすことを求められた。例えば、一九三三年には「国家非常ノ時局ニ当面シ（略）吾人職ニ図書館ニ関係スル者ハ国民教化ノ重責ヲ痛感シテ其ノ使命ノ達成ニ努力セン コトヲ期ス」[19]という「決議」がなされている。これが決議された三三年は、満州事変（一九三一年）勃発後二年目である。「教化」には、「教え導き、よい方向に向かわせること」[20]という意味があるが、「国家非常ノ時局」に直面し、図書館自身が国民をそのような「時局」に対応できるように「教化」する一端を担うことを決議したのである。

先の大日本婦人会の前身の重要な一団体だった大日本国防婦人会（一九三二年創立）の「実践上の宣言」の第一には、「悪風と不良思想に染まず国防の堅き礎となり強き銃後の力となりませウ」[21]と記されていた。先の全国図書館大会「決議」は、この宣言の翌年になされた。皇国民が「悪風と不良思想」に染まないようにする（「教化」する）には、「悪評と不良思想」に染まった資料をはじめ、「時局に沿わない」資料を図書館から追放する必要があった。特定資料の図書館からの排除を通した思想統制である。

さらに一九四三年には、「決戦態勢下ニ於ケル図書館」を、「国策浸透ノ機関トシテ、或ハ国民再教育ノ機関」[22]として位置づける決議が衆議院（帝国議会）で「満場一致」で可決されている。太平洋戦争突入の一年三カ月後のことである。しかし、開戦の翌年六月のミッドウェー海戦で日本海軍は大敗北をし、それを機に戦局の主導権はアメリカに奪われて太平洋戦争は重大な転換点を迎えていた。この決議は、その九カ月後に出されたことになる。「国策浸透、国民再教育」の機関として図書館は、軍事体制への一層の従属を余儀なくされた。図書館は「楽しみの読書」を提供する場からは遠いところにあった。

図書館の目的としての「レクリエーション」

こうした「国民教化」「国策浸透」機関としての図書館が大きな転換を迎えるのは戦後のことである。そのなかで、図書館も住民の「読書」を保障する機関としての役割を果たすことになる。その象徴を戦後五年目に制定された図書館法（一九五〇年）の図書館の目的規定に求めることができる。第二条には、この法律でいう図書館の目的を次のように規定している。

この法律において「図書館」とは、図書、記録その他必要な資料を収集し、整理し、保存して、一般公衆の利用に供し、その教養、調査研究、レクリエーション等に資することを目的とする施設

この目的規定は戦前の図書館令（一八九九年）と比すると大きな違いがある。その図書館令は一九三三年に改正され（「改正図書館令」）、第一条に、新たに図書館の設置目的が設けられ、次のように規定されていた。

図書館ハ図書記録ノ類ヲ蒐集保存シテ公衆ノ閲覧ニ供シ其ノ教養及学術研究ニ資スヲ以テ目的

トス

この両規定に大きな違いがあることは一目瞭然である。つまり、戦後の図書館法には、図書館の目的に「レクリエーション」に資することが付加されたことである。この相違について、同法を国会に提出した際の社会教育局長は、次のように述べている。

図書館法による図書館の目的と、従来の〔図書館令の：引用者注〕図書館の目的とを比較すると、レクリエーションに資するということが新たに加えられている。（略）国民の図書館に対する要望が、学術研究とか教養とか言ったものよりもっと寛ろいだもっとやわらかい楽しみをも含んできたためで、これに応ずるために、図書館はレクリエーションの面を加えてきたのである。(23)

この新しい図書館は、（旧）教育基本法（一九四七年）で博物館、公民館などとともに社会教育の一翼を担うものとされ、その設置者（国と地方公共団体）は、社会教育施設などの利用を通して「教育の目的の実現に努めなければならない」ことが規定された（第七条）。そして教育基本法に規定された教育の目的には「人格の完成をめざし（略）自主的精神に充ちた心身ともに健康な国民の育成」が掲げられた（第一条）。だから、図書館もまた住民の「レクリエーション」などに資することを通して、そうした目的を実現する社会教育機関として位置づけられたのである。

そうしたことを思うと、図書館の目的に「レクリエーション」が加わったことは画期的なことであり、「戦後」という時代の新しさ、解放性を感じさせる規定である。「読書は楽しみ」であり、図書館はその楽しみを保障する社会的装置の一つである、そうしたことを明確にしたのが図書館法の「レクリエーション」という目的規定だった。それは「新しい図書館」[24]を象徴する目的規定でもあった。

「レクリエーション」——人間を元気づけ、英気を養う

「読書は楽しみ」である。それは、前述した「子どもの読書活動の実態とその影響・効果に関する調査研究」の結果からも明らかである。「読書が好きですか」という問いに、「とても好き」「わりと好き」と答えた割合は、中学生は六七・〇%、高校生は五九・七%、成人は六〇・〇%に達している。本を読むことは「楽しい」、だから読書が好きなのである。

その「楽しみ」は、人間が成長するための不可欠な要素である。本来、「レクリエーション」(recreation、名詞形）という語には、「休養、保養、気晴らし」などの意味があり、その動詞形である「recreate」の意味は、「を元気づける、休養させる、に英気を養わせる」である。また同じつづりの別の「recreation」（名詞形）には「改造」の意味が、そして「recreate」（動詞形）には、「を改造する、作り直す[25]」の意味がある。

こうした語義を思うにつけ、レクリエーションは、人間を元気づけ、英気を養い、新たな地歩へと個々人を向かわせる力を有していることがわかる。図書館は、その機能の発揮を通じて、図書館

利用者たる市民に「力」を与えるのである。その「力」は、成長・発達の個体としての子どもにとっては、なお一層重要な「力」である。

先に紹介した『図書館法』には、図書館の目的の一つとして新たに付け加えられたレクリエーションは、どこまでも、「①生活を向上せしめるものであること、②楽しいものであること、③誰でも参加できるものであること、④仕事の能率を高めるものであること、等の条件をみたすものでなくてはならない[26]」と記されている。レクリエーションは、何よりも、生活を向上させ（元気づけ、作り直す）、楽しいもの（保養、気晴らし）なのである。そして、そのなかで養われた英気が「仕事の能率を高める」ことにもつながる。人生を、そうした「前へ」と向かう気持ちを生み出す営みの一つが読書であり、その営みを社会的に保障する機関が図書館なのである。

かつてアメリカ議会は、一九八九年を「青少年読書年」（Year of the Young Reader）とする決議をおこない、それを受けて大統領ロナルド・レーガンは、「『青少年読書年』に関する大統領宣言[27]」を発表した。この宣言は、読書の意義について多面的に論じている。まず冒頭で、読書が子どもにとって「こよなき楽しみをもたらす営みの一つ」であることを述べた後、「読書は世の中への好奇心を誘い、人々への共感を拡げ」る手がかりを提供すると述べている。そして、「我らは読書とは冒険、歴史、伝統文化、そしてはるかなフロンティアが織りなす未知の領域への心躍る生涯の旅路である」とも述べている。

「未知の領域への心躍る生涯の旅路」は、何よりも楽しみや好奇心とセットである。読書に一心不乱になる理由は、「未知の領域への心躍る生涯の旅路」を歩んでいるからである。「ワクワク、ドキドキ」しながら、その次はその次はと、はやる気持ちとともに「旅路」を歩んでいる。楽しい「旅路」である。

こうした「旅路」は、子どもにとっては内面的成長を支援し自己変革を促す営みになる。日常の学校教育は、子どもの内に生じる疑問や興味にはたらきかけ、それを大きくし、その解決・発展を図ることによって、強い生彩を放つようになる。「学習とは本来人間にとって基本的な、探求的活動」であり、かつ「子どもというものは好奇心と探究心に満ちあふれている存在[28]」である以上、子どもにとっては、こうした疑問や興味の発展と解決への過程は学習の過程そのものでもある。

疑問や興味との向き合いは、「未知の領域への心躍る生涯の旅路」そのものである。疑問や興味の解決、さらに拡大は、子どもをさらに成長させる原動力である。その原動力は「楽しみ」と同居している。読書がもたらす「楽しみ」が、その原動力を一層力強いものにし、子どもを育てていく。

3　「想像力」を高める読書の世界

「かんじんなことは、目に見えない」——『星の王子さま』

初版以来、二百以上の国と地域の言葉で翻訳されてきた児童文学の名作『星の王子さま』（サン＝テグジュペリ）のなかに、次のような一節がある。

とてもかんたんなことだ。ものごとはね、心で見なくてはよく見えない。いちばんたいせつなことは、目に見えない[29]。

「いちばんたいせつなことは、目に見えない」、その「目に見えない」ものも、心に描く（イメージする）ことで見えるようになる。そのときにイメージする能力が想像力である。想像力は英語で「imagination」というが、見えないものを思い浮かべる能力のことである。「imagination」と連なる言葉に「image」という名詞がある。「（心に描く）像、心象、感じ[30]」を意味する。目で見（視覚）、耳で聞き（聴覚）、手で触れる（触覚）という五感（感覚器）を使うことで人は様々な世界を認識できるが、「心に描く」ことによって、まだ見ぬ世界や諸現象、さらには未来を思い描くことができる。脳は、受け取る情報量が少ないほどその世界を「心に描き」、少ない情報量を補って曖昧な部分を解釈し、自分の世界を新たに構築しようとする。その「心に思い描く力」が、想像力のはたらきの最も重要な側面である。

想像力を培う重要な営みの一つが読書であり、その営みは「言葉」を介している。言葉の一つひとつの意味は限定的だが、言葉は他の言葉と結合することで文を作り、文を連ねることでひとまとまりの文章を作る。こうした言葉の結合によって、言葉はより大きな世界を構築する。個々バラバラな言葉が、まとまりがある全体を形作り、その全体像が反射的に個々の言葉に大きな意味を与える。読書とは、こうして結合された言葉（文、文章）を自己の内に取り込む営みである。だから読書という営みは、その言葉が内包しているもろもろの世界を想像することと不可分である。本を読んで、うれしくなる、悲しくなる、不安を感じる、感動する。目の前にあるのは文字（言葉）なのに、その文字が心を揺さぶる。それは、言葉と言葉を結び付け全体像を浮き立たせていく、すなわち文字（言葉）を通して描かれた世界を「想像」するからである。

文字（言葉）を介して世界を獲得するこの行為は、映像を介して世界を獲得する行為とは異なっている。映像の世界（テレビや映画などの世界）には色や形があり、そして音もある。しかし読書では、目の前にあるのは文字（言葉）であり、それには色も形も音もない。しかし、文字（言葉）を連ねることによって、その文字が、読み手の心模様に合わせて、様々な形で心を揺さぶるのである。心のなかに色も形も思い浮かばせ、心に音を届ける。それこそが「想像力」である。読書は、その想像力をかき立てる優れた精神活動である。

「共生」社会と想像力

読書を通して「共に生きる」社会を

人間は一人では生きていけない。「共」に生きること、すなわち「共生」は人間の根源的なありようである。その共生とは、「生あるものは、互いにその存在を認め合って、ともに生きるべきこと[31]」である。しかし、個々の存在としての人間が共生するには、他者の思いを自己の思いのようにして理解し、互いに受容し合うことが不可欠である。そのためには想像力が必要である。「受容する」という営為は精神活動なのだから、他者の命や生、そして思いに対する想像力を欠いては、「受容」（共生）は生じにくい。共生的世界は、想像力を媒介として成り立っている。

近年、世界各地で自己中心的で自国中心的なプロパガンダが蔓延している。「自分だけが世界の中心だ」という見解が随所で見られ、ネット上には侮蔑の言葉や他国への敵視と憎悪があふれている。「多様性」という言葉が叫ばれるにもかかわらず、現実にはその多様性は失われつつある。自己が抱いた「思い」の世界に自己を閉じ込め、他者（国）の「思い」に対して心を閉じている状況は、昨今日常的に目にし、耳にする光景である。「互いにその存在を認め合って、ともに生きる」という共生観念が失われつつある。それは、他者の命や生、「思い」に対する想像力の欠如であり、想像力の欠如が息苦しい社会を生み出している[32]。

「行く言葉が美しくてこそ帰る言葉も美しい[33]」という韓国の諺がある。他人が聞きやすい言葉を話してこそ、その人も自分にいい言葉を話す、という意味である。言葉は、他者の心を変えていく。他者の「思い」を心に抱きながら発せられた言葉は他者を変えていく。想像力は他者の想像力をも変化させるのである。

そうした想像力を培う大きな営みが読書である。本には、喜びもつらさも様々な心模様が描かれている。本を読むことで、自分以外の人の喜びや悲しみを感じることができる。「痛い」という肉体感覚は当人にしかわからないが、その痛みを想像することはできる。自分が経験する痛みは少なくても、本の世界には多様な痛みやたくさんの傷ついた人々が描かれている。文字（言葉）を通して、その痛みや傷を想像することができる。そして、その対極としての優しさや愛情の世界も。すなわち読書は、他人の人生を追体験し、他人の気持ちに自己を感情移入することを可能にする。それは想像することに深く関わっている。そしてこの想像によって、優しさや寛容さを身に付けることができる。読書によるそうした体験が、子どもの成長を支えていく。
上皇后は、皇后の時代に第二十六回国際児童図書評議会ニューデリー大会（一九九八年）で基調講演をした。その長い講演のほぼ最後の部分で、読書との向き合い方について次のように話した。

読書は私に、悲しみや喜びにつき、思い巡らす機会を与えてくれました。本の中には、さまざまな悲しみが描かれており、私が、自分以外の人がどれほどに深くものを感じ、どれだけ多く傷ついているかを気づかされたのは、本を読むことによってでした。
（略）本の中で人生の悲しみを知ることは、自分の人生に幾ばくかの厚みを加え、他者への思いを深めますが、本の中で、過去現在の作家の創作の源となった喜びに触れることは、読む者に生きる喜びを与え、失意の時に生きようとする希望を取り戻させ、再び飛翔する翼をととのえさせます。悲しみの多いこの世を子供が生き続けるためには、悲しみに耐える心が養われると共に、喜びを敏感に感じとる心、又、喜びに向かって伸びようとする心が養われることが大切だと思います。(34)

「想像力」を媒介とした子どもの育成

想像力は人間を優しさに導いてくれる。その手引を読書が果たしている。前述の「子どもの読書活動の実態とその影響・効果に関する調査研究」には、小学校に入学する前や低学年期に読書活動が多かった中学生や高校生は、人を思いやる気持ちや社会のルールを守る意識などの能力が高い傾向にあるという。次の調査結果である。
①小学校低学年期に、「家族から昔話を聞いたこと」が多い中学生ほど、「友だちがとても幸せな体験をしたことを知ったら、私までうれしくなる」という思いをもつ比率が高くなる。
②小学校に入学する前に、「絵本を読んだこと」が多い高校生ほど、「電車やバスに乗ったとき、お年寄りや身体の不自由な人に席を譲ろう」という思いをもつ比率が高くなる。
小学校に入学する前、あるいは低学年期の読書活動が、中学生・高校生の精神活動に影響を与えている。読書が想像力を媒介にして優しさを培っているのである。

絵本『フレデリック』(35)に登場する「のねずみ(フレデリック)」は、寒くて暗い冬の日のために「おひさまの　ひかり」を、灰色の冬のために「いろ」を、長い冬の間に話のたねが尽きないように「言葉」を集める。冬がきて食料も尽きる。だが、フレデリックが集めた「ひかり」「いろ」「言葉」は、尽きることなくみんなに楽しく豊かな時をもたらしてくれる。豊かな想像力が、「生きる力」を生み出している。読書が、想像力を生み出すことに意義がある営為であるなら、読書はこの世の中を変える力をもっている。

相対性理論で有名なドイツの理論物理学者アルベルト・アインシュタインは、数々の名言を残しているが、想像力に関し次のような言葉を残している。

想像力は、知識よりも重要だ。知識には限界がある。想像力は、世界を包み込む。

「想像力は、世界を包み込む」という一節が印象的である。

４　「自己形成」を促す読書の力

「自立」――「人の指揮をまたず、自身にてする」「やる気」「自発的精神」

読書によって得られる「力」はさらに複合的なものである。読書は人間的自立を促す大きな役割を有している。自立とは、「他の助けや支配なしに自分一人の力だけで物事を行うこと[36]」をいう。自分の行動を自分で決することを意味している。

人間は、誰もが「自分の主人公は自分」でありたいと思っている。「自」という漢字は、鼻のあたまをかたどった象形文字である。自分のことを身ぶり手ぶりで表す際に、右手の人差し指を鼻のあたまに突き立てて示すことから、やがて「自」が「自分」という意味を表すようになったのだそうだ[37]。その「自」の意味するところは、漢字の成り立ち、語源・語義を解説した辞典には、「人の指揮をまたず、自身にてするなり[38]」と記してある。自分の行動を自分で決することである。この「自」を含む言葉は多くある。自立、自主、自治、自由から始まって、自我、自戒、自覚、自省、自律と数多くある。どれも「人の指揮をまたず、自身にてするなり」という意義をその内に含んでいる。

「自分の主人公は自分」（「人の指揮をまたず、自身にてする」）でありたい。そうした自分を培う方法の一つが読書である。読書は、自己発見、自分探しの旅への優れた道案内であり、自分を見つめ、自分の可能性を見いだし、夢や希望に向かって歩む力を与えてくれる営みである。もちろん、映画やテレビなども人間にとって大切な媒体である。特にテレビは、文字ではわかりにくいものを簡潔に素早く入手できる利点があるが、映画やテレビなどは、受け手の理解の程度、思索の過程にかかわらず、見始めると情報が一方的に送られてくる。そのため、こうした情報の入手は、受け手を受動的にさせがちになる。他方、読書は自分の速度と問題意識のなかで、ときには立ち止まり、思考し、批判しながら情報を自己内在化していく精神活動である。そのため、文字（活字）による情報入手は、受け手の自立的・能動的立場を保ちやすい。それだけに、自己形成の重要な時期を過ごす世代（子ども期）にとっては、文字（活字）を介した読書という営みはきわめて重要なことである。その過程のなかに、人間的自立を促す要素がたくさん包み込まれている。

人間的自立が達成できるかは、個々の子ども（人間）の「やる気」とも深く関わっている。「やる気」は子どもを自立へと導いていく。「やる気」の「気」は、「气」（きがまえ）という部首に囲まれている。その「气」は、「わきあがる雲の象形で、水蒸気・いき」を表していて、そこから転じて「気」は「万物成長の根元力。身体の根元となる活動力」[39]を意味している。そう考えると元気、活気、勇気などの「気」がつく言葉には、人間を奮い立たせるものが多い。「気」という文字は「やる気」と連なり、ひいては、人間を独り立ちさせる、いわば自立させることに深く関連している文字なのである。

教育の重要な目的の一つは、一個の生命体として誕生した一人ひとりの子どもが自立した存在としてこの社会で生きていけるよう、また活躍できるように育むことにある。その自立を根底から支えるものが「やる気」であり、換言すれば「自発性」である。その「自発的精神」の涵養は、（旧）教育基本法に規定された教育の目的を達するための諸条件の一つである。同法第二条は、次のように規定していた。

教育の目的は、あらゆる機会に、あらゆる場所において実現されなければならない。この目的を達成するためには、学問の自由を尊重し、実際生活に即し、自発的精神を養い、自他の敬愛と協力によつて、文化の創造と発展に貢献するように努めなければならない。（傍点は引用者）

教育の目的を達するには「自発性精神」を涵養することが重要である。子どもが、受動的姿勢で教育を受けるのではなく、教授者の指導を能動的に受け止め、自ら積極的に学びに向かう姿勢が、教育の目的を達するためにも必要である。

その「自発的精神」、いわば「やる気」を醸成することに読書は大きく貢献している。すでに紹介した「子どもの読書活動の実態とその影響・効果に関する調査研究」では、就学前から中学時代までに読書活動が多い高校生・中学生ほど未来志向、社会性、自己肯定、意欲・関心、文化的作法・教養、市民性、論理的思考のすべてで、現在の意識・能力が高いという。これらの項目は、みな自立的人間像、いわば自発的精神、やる気を醸成するのに深く関わっている。読書が子どもの自立を支えているのである。

自己を問い直し、新たな自己を構築する

前述のように、人間は記号としての「文字（言葉）」を介し、思考し、判断し、他者と互いの心のありようを交換（コミュニケーション）している。その文字は、「過去の記憶を保つことができ、（略）地球上の、遠く隔たった無数の地域に散らばっている人類を、相互に結びつけることもできる」「苦心惨憺の発明物[40]」だった。十七世紀、社会契約説で近代の政治哲学の礎を築いたトマス・ホッブスが、その代表的著作『リヴァイアサン』（一六五一年）のなかで述べた一節である。

言葉は、コミュニケーションの有力な道具（手段）である。そして同時に、言葉は一人でものを考えたり感じたりする場合にも無意識のうちに使っていて、自己自身とのコミュニケーションの道具でもある。その意味で、文字を読むという行為（読書）は、文字に込められた世界と自己との対話でもある。著者を通じて、その世界に登場する様々な「人」と対話するのである。共感し反発し、肯定し否定しながら、多様な世界と対話するのである。読書は、そうした対話を「文字（言葉）」を介して実現していく営みである。その営み（過程）のなかで、自分の考えを問い直し、新たな自分を構築していく。

考え（思考）始めたとき、その思考はまだ漠然としている。その漠然とした世界に、形を作り出し動きを作り出す重要な営みが、文字（言葉）を介した精神活動である。文字（言葉）は思考の道具であり、読書は文字（言葉）を介して新たな自己を発見する営みである。読むことと思考することは同時的に展開される。文字（言葉）を追い、思考しながら自己のありようを問うのである。

「言葉と思考がいったん注ぎこまれたら、本はもはやただの紙とインクと糊ではない。いわば人的活力を帯びる[41]」。ロサンゼルス図書館の大火災を描いたスーザン・オーリアン『炎の中の図書館』の一節である。

こうした「人的活力」を自己に取り込む過程こそが、自己を新たな自分へと導いていく過程、自己発見の過程であり、自立への過程である。こうしたプロセスを通じて、「人の指揮をまたず、自身にてする」自己を培うことができる。自己形成、自立への「旅」である。そしてその「旅」は、生涯にわたって続いていく旅である。教育基本法がいう教育の目的としての「人格の完成」（第一条）は、そうした自己形成への道程でもある。

フランスの思想家ジャン＝ジャック・ルソーは、代表作『エミール』のなかで、「わたしたちは弱いものとして生まれる」と言っている。「人間がはじめ子どもでなかったなら、人類はとうの昔に滅びてしまったにちがいない[42]」とも言っている。人間は立ち上がるまで数カ月を要し、歩き始めるまでに約一年を要する。人間ほど、親や社会の助けを必要とする動物はいない。その助けを受けながら、守られ、愛され、教えられながら一人前の大人になっていく。その長い時間のなかで、人間は他の動物と違う知恵や技術を身に付ける。その時間のなかで「自立」の精神を身に付けていく。その自立を支え、自立を促す大きな要因の一つが読書である。

5　コペル君と「自己形成」

しかし、日本ではそうした自己形成が妨げられた時代があった。言論統制と思想統制がおこなわれると、書物を通した自己形成が困難になる。国策遂行を目的とした情報の流通が主流となる時代にあっては、「読書」を通した自己形成が妨げられる。第1章で紹介した吉野源三郎の名著『君たちはどう生きるか』は、そうした時代に刊行された。一九三七年、満州事変の六年後である。そのなかに、主人公コペル君の叔父さんがコペル君に宛てたアドバイスに、次のような一節がある。

もしも君が、学校でこう教えられ、世間でもそれが立派なこととして通っているからといって、ただそれだけで、いわれたとおりに行動し、教えられたとおりに生きてゆこうとするならば、――コペル君、いいか、――それじゃあ、君はいつまでたっても一人前の人間になれないんだ。[43]

叔父さんが、「学校で教えられたことを鵜呑みにしないで自分で考える」ことの大切さをアドバイスした一節である。「一人前の人間」になるには、「人の指揮をまたず、自身にてする」こと、自立することが大切だというアドバイスである。

この時期（一九三七年頃）、大人を含めて国民すべてが自立した人間であることが困難になろうとしていた。満州事変が勃発し、盧溝橋事件（一九三七年）で日中戦争が全面化するなか、言論統制と思想統制は一層拡大した。国家総動員法（一九三八年）によって、政府は国家総動員上必要があるときは勅令で「新聞紙其ノ他出版物ノ掲載」を制限または禁止できるようにした（第二十条）。

また図書館（日本図書館協会）も「挙国一致ヲ以テ時艱ヲ克服スベキ重大時局ニ直面」しているがゆえ、「国民読書ノ指導奨励、図書館利用ノ宣伝[44]」に努めることが求められ、具体的実践事項には「日本精神ノ発揚ニヨル挙国一致ノ体現[45]」が含まれていた。その「日本精神ノ発揚」は、「八紘一宇」と結び付けて理解されていた。一九三七年、『君たちはどう生きるか』が刊行されたその年に、『八紘一宇の精神[46]』という書物が文部省編著で出版されている。その扉には「日本精神の発揚八紘一宇の精神」と記されていた。「八紘一宇」とは、「天下を一つの家のようにすること。第二次大戦中、大東亜共栄圏の建設を意味し、日本の海外侵略を正当化するスローガンとして用いられた[47]」ものである。こうした「時局」に沿うべく、図書館もその役割を担わされたのである。そうしたなか、図書館から特定図書が排除された。全国の図書館史にその事例を見ることができるが、そのうち二つのケースを紹介する。

①戦局の悪化とともに防諜・戦意高揚などの名目の下に、蔵書に対する軍部や警察の取り締まりや干渉も厳しさが増していった。日本の地図が掲載されている図書は、百科事典をはじめ旅行案内に至るまで、防諜のためということで、特別取り扱いを厳命された（長野県立図書館[48]）。

②一九四〇年の夏頃になると、国家目的のための思想統制は警察特高係による発禁図書・左翼思想

図書などの調査やリストの提出、図書の別置などの要求となって現れた（神戸市立図書館[49]）。

国家は、「本を読むことによって疑問をもつ」少国民が生まれることを恐れたのである。国民が自立的に物事を思考することを恐れ、図書館に対する統制を強めたのである。そして何よりも学校教育への統制が厳しくおこなわれた。戦後に出版された北海道のある教育雑誌に、戦時下の教育についての次のような反省の意見が掲載されている。

われわれは日本の子供というものを国家の子供と見て、父兄の子供であるとか、そうした家庭的、個人的な見方をしてはならなかった。一般国民は皆子供を御国に捧げた子供とした。（略）子供の自由とか、それの成長とかということは統制強化の規律に甚だ違反するもので（略）子供達は皆大東亜の指導者となるために教育されねばならなかった。だから児童は大東亜における日本の地位を自覚する方向に向けられた。すべての教科書はこの方向に編纂された[50]。

「大東亜の指導者」を育成するために「すべての教科書は編纂され」、その教科書は子どもを「十把一からげの皆一様な子供」を育てるために使われたという意見である。思想・言論統制の下で編纂された教科書は、皇国民を育成するための手段として利用され、そうした教育が「聖戦」を支えたのである。

こうした思想・言論の統制策は、子どもの読み物にも大きな影響を与えた。一九三八年に国家総動員法が成立すると、同年に「児童読物改善ニ関スル指示要項」が内務省から出版業者に通達され、絵雑誌にも様々な統制が加えられることになった。質が高く児童文化を代表する絵雑誌だった「キンダーブック」（フレーベル館、一九二七年創刊）は「ミクニノコドモ」（日本保育館）に、「幼稚園」（小学館、一九三二年創刊）は「ツヨイコヨイコ」に改題された。戦時体制に合うような題名である。

こうした時代に、叔父さんはコペル君に「自分で考え、自分で判断」することの大切さをアドバイスしている。国定教科書では「真実」は所与のものとして少国民に教えられ、「日本精神ノ発揚」に関する図書が「指導奨励」されるなか、叔父さんはコペル君に、「自立的な思考」の重要性を伝え、「どう生きるか」をアドバイスしていた。

「弾を抜き取る」――『華氏451度』

第二次世界大戦後の冷戦下のアメリカで吹き荒れたマッカーシズム[51]の嵐に抗して書かれたSF小説に『華氏451度』という作品がある。アメリカの作家レイ・ブラッドベリの作品である。

著者のブラッドベリは、ハイスクールを卒業したとき（一九三八年）、大恐慌の真っ只中で、一家は彼を大学に行かせる経済的余裕がなく、彼は十三年間、ほとんど毎日をロサンゼルス公共図書館で過ごした。そのため、ブラッドベリは「図書館で教育を受けた」というのが口癖で、のちに図書館は「わたしが巣を作った場所」「わたしの生まれた場所であり、成長していった場所でした[52]」と言っている。また、ブラッドリは『ブラッドベリ、自作を語る』という著書でも「僕は図書館で育った人間だ。図書館で自分を見つけ、また見つけるつもりで図書館へ行った[53]」と語っている。

ブラッドベリが利用したその図書館（ロサンゼルス公共図書館）は、一九八六年四月二十九日の白昼に火災が起きて四十万冊を焼き、七十万冊が損傷するという大惨事に見舞われた。しかし火災から七年後の九三年十月三日、同館は修復・拡張されて再オープンした。開館の前夜におこなわれたディナーパーティーでは、参加した人たちは口々に新しい図書館を称賛したが、ブラッドベリもまた、ロサンゼルス公共図書館が「私の大学」であると述べ、同図書館を褒めたたえたという[54]。

図書館に育てられ、図書館を愛したブラッドベリ。その彼が執筆した『華氏451度』は、書物が燃やされる世界を描いている。物語は架空の世界だが、ブラッドベリがこの書を出版した頃（一九五三年）、アメリカではマッカーシー旋風が吹き荒れ、その嵐は、マスメディアに対する言論弾圧だけではなく図書館への検閲へとつながっていった。そうしたなか、アメリカ図書館協会などは「読書の自由」（The Freedom to Read）という方針声明を発表した（一九五三年）。そのなかで、当時の状況を次のように述べている。

読書の自由は、アメリカの民主主義に欠かせない。この自由は、絶えることなく攻撃されている。全国各地の私的グループや公的機関が、読書の資料の除去やアクセスの制限をしたり、学校での［教材］内容を検閲したり、「論争的な」見解にラベルを貼ったり、「問題ある」図書や作家の一覧表を配布したり、図書館を非難したりしている[55]。

この『華氏451度』という小説では、本の所持や読書が禁じられた思想統制の社会、市民が相互監視する社会のなかで、読書に目覚めた焚書官が反逆に目覚めるさまを描いている。「華氏四五一度」（摂氏に直すと約二二〇度）とは紙が引火して燃え出す温度だが、この作品のなかに、次のような一節がある。

書物などというしろものがあると、となりの家に、装弾された銃があるみたいな気持ちにさせられる。そこで、焼き捨てることになるのだ。銃から弾をぬきとるんだ。考える人間なんか存在させてはならん。本を読む人間は、いつ、どのようなことを考え出すかわからんからだ。そんなやつらを、一分間も野放しにおくのは、危険きわまりないことじゃないか。（略）
万事につけ、《なぜ》ってことを知ろうとすると、だれだって不幸になるにきまっている。国民を政治的な意味で不幸にしたくなければ、すべての問題には、ふたつの面があることを教えてはならん。ひとつだけあたえておくのが要領なのさ。なにもあたえずにすめば、それに越したことはないがね。[56]

この一節は、書物というものの特質を見事に言い当てている。書物は、書き手の思想の体現物であるため、人の心を動かし、時代と社会を動かしてきた。一冊の本が社会を変える原動力になったことは世界史上数多くある。書物は歴史を切り開き、歴史を作り出すエネルギーを内包している。しかしある為政者にとっては、そうした思想（書物）は、銃弾のような危険物に見えることがあり、その銃弾から「弾を抜き取る」（禁書、焚書）ことを考えたわけである。
戦前のわが国の書物（読書）に対する統制策も「弾を抜き取る」こと、そのことを通して自立した国民を育てない、疑問をもつ子どもを育てない、国民教化を目的とした思想統制策だった。そうしたことへの抵抗のアドバイスが、コペル君への叔父さんの言葉なのである。叔父さんは、書物による疑問の喚起、書物による問題の解決、そうしたことを通してコペル君が人格を形成することを望んでいたのである。

「人生を変えた本と出会いましたか」

読書は人間の自立を支援する大きな営みだが、その道程で、人間はときには、人生を変えるような「一冊」の本に出合うことがある。「朝日新聞」二〇一二年七月十四日付の「be between 読者とつくる」に、「人生を変えた本と出会いましたか」というアンケートの調査結果が載っている（回答者数は三千三十八人）。

その問いに対し、「はい」と答えた人が四二％、五人に二人は一冊の本との出合いで「人生が変わった」経験があるという。そして、その本を読んだのは「十代以下」が四四％で、ジャンルは小説が圧倒的だった。そして、影響を受けた内容の上位三点は、「生き方の目標を見つけた」（四百七十人）、「新しい発想に気づいた」（二百六十四人）、「未踏の分野にはまった」（二百人）となっている。本が、新たな自己確立と自己形成につながったことがわかる結果になっている。反対に、問いに対して「いいえ」と答えた人は五八％、その理由は「たまたま出会っていない」（八百三十三人）が圧倒的だった。これから「出会う」かもしれないその本が、その人の人生を変えるかもしれない。

先に紹介した「子どもの読書活動の実態とその影響・効果に関する調査研究」でも、「好きな本」や「忘れられない本」の有無について質問している。成人調査では、「好きな本」や「忘れられない本」がある人が全体の約五〇％を占めていて、その本に出合った時期の四二・八％が高校生までである。そして、「好きな本」や「忘れられない本」との出合いと読書活動の豊富さとは相関関係にある。「好きな本」や「忘れられない本」があるほど、①読書が好きである割合が高く、②一カ月に本を読む割合が多く、読む本の冊数、一日の読書時間も多い、という傾向が見られる。特に子どもの頃の読書が、その後の人生に大きな影響を与えている、そして一冊の本が、その人の人生を変える力をもっていることをうかがい知ることができる。

人間は、誰しも悩み、苦しみ、そして喜びを感じる。様々な事柄（自然現象、社会的事柄、人間関係）に興味と関心をもち、疑問をもつ。それらは、次への飛翔の「ばね」であり、その「ばね」がより大きな飛翔を生み出す。読書は、そうした「ばね」の役割を担いながら、一人の人間の自立を支援し、自己形成を図っていく営みなのである。

6　情報入手の手段としての読書

読書と情報入手

そしてまた読書は、情報を入手する有力な手段でもある。ある情報が後世に伝達されるには、文字（さらには絵画など）の誕生とその文字が何らかの物理的実態（媒体）に記録されることが必要である。文字が「紙」という移動可能な媒体に記録され、印刷という手法が複製を可能にすることによって、情報は広く社会に流布されることになる。情報の社会的共有である。

もちろん情報は、物理的実体への記録だけで伝達されるわけではない。日々の会話はもちろん、講義・講演・説明などはしばしば、物理的実体を介さない情報伝達であり、それ自体有力なコミュニケーションの一手段である。しかし紙という媒体を介した情報の入手は、時間的・空間的制約を排する点で、他の手段による情報の入手とは大きくその性格を異にしている。とりわけ、情報の「館」としての図書館は、人々の求めに応じて情報を提供する貴重な社会的存在である。

本章の最後に、読書が情報入手に大きく関わっていると同時に、その情報入手には図書館の役割がきわめて重要であることを論じたい。

「通時的」「共時的」役割を有した図書館

図書館の定義は多様だが、『図書館情報学用語辞典』では、「人類の知的生産物である記録された知識や情報を収集、組織、保存し、人々の要求に応じて提供することを目的とする社会的機関」と説明した後、次のように解説している。

図書館は、通時的に見るならば、記録資料の保存、累積によって世代間を通しての文化の継承、発展に寄与する社会的記憶装置であり、共時的には、社会における知識や情報の伝播を円滑にするコミュニケーションの媒介機関としての役割を果たす。(57)

「通時的」（社会的記憶装置）、「共時的」（コミュニケーションの媒介機関）という解説に、図書館の役割が凝縮されている。

図書館資料の多くは「紙」（その多くは「図書、本」）媒体であり、「通時的」「共時的」を問わず、図書館で情報を入手することの多くは、「紙」媒体としての本を読むことによってなされる。本を読む（読書）ことで、過去の世界にも現在の世界にも近づくことができる。特に「通時的」情報は図書館という情報の社会的記憶装置を通じて、多くを得ることができる。図書館と記憶とを結び付けたアメリカの図書館学者ピアス・バトラーは、次のように言っている。

> 図書とは人類の記憶を保存する一種の社会的メカニズムであり、図書館はこれを生きている個人の意識に還元するこれまた社会的な一種の装置といえる。(58)

そしてバトラーは、次のようにも述べている。

> 本を開いて読みさえすれば、一時間のうちといえども、ときには教室で数日かかって受ける指導にもましたものを得ることができよう。自分の勉強したい主題は選びとることができるし、（略）印刷された頁というメカニズムにより、人間は社会の記憶のどの部分をも自分の心に移しかえることができる。いつの瞬間にあっても、自分の学校を開くことができ、どんな学問で

も意のまま、自分の眼だけを教師として頼っていればよいのだ。[59]

情報入手に資する図書館の重要性、そして「読書」によって得られる大きな役割を指摘している。その図書館の役割は、子どもにとっては学校図書館の役割と直結する。学校図書館は、子どもにとっては「図書館そのもの」である。

セーフティネットとしての学校図書館

「読書」と「学力」

学校図書館は、今日の社会状況に即して考えると、子どもの学びや育ちを支えるセーフティネットである。その理由は、家庭の経済状況の悪化にある。例えば、「平成30年 国民生活基礎調査の概況」によると、「各種世帯の生活意識」では、児童がいる世帯は、「大変苦しい（二七・四％）」「やや苦しい（三四・六％）」を含めて六二・一％、約三分の二の世帯が生活の苦しさを感じている。[60]

こうした家庭では、子どもに本を買いたいと思っても、夕食のおかず一品、靴下一足にその支出は回りかねない。それどころか、「病院などを受診した方が良いと思ったが受診させなかった（できなかった）」家庭が三三％あったという。北海道が約一万五千世帯に経済状況や生活環境をたずねたアンケート結果である。[61] 家庭を通じて、子どもに本が届きにくい状況は、子どもの読書や学習はもちろん、子どもの意識にも大きな変化を及ぼす。

セーフティーネットは「安全網」と訳され、一般的には、網の目のように救済手段を張りめぐらすことによって安心や安全を提供する仕組みのことを指している。そして義務教育自体が、家庭の経済的条件に左右されることなく等しく教育を受けることができるという考えに基づいている。それは、義務教育がセーフティーネットの重要な構成要素であることを意味している。

さらに今日、学びのセーフティーネットは、教育行政の大きな課題にもなっている。二〇一六年に出された中央教育審議会答申でも次のように指摘している。

> 子供の貧困が課題となる中、家庭の経済事情が、進学率や学力、子供の体験の豊かさなどに大きな影響を及ぼしていると指摘されている。学校教育が個々の家庭の経済事情を乗り越えて、子供たちに必要な力を育んでいくために有効な取組を展開していくこと［が期待されている。‥引用者注］[62]

その取り組みのなかに、学校図書館も含まれるべきである。なぜなら、教育は情報の入手と深く関わっているからである。その情報をどれだけ多く入手できるかは、子どもの成長・発達と深く関連している。学習塾で学ぶ、参考書や辞書を買ってもらう、それらも情報入手の一態様である。そして、そうした情報の入手には経済力が求められる。「世帯年収と子どもの学力との関係を見ると、年収が高い世帯の子どもほど概ね正答率は高い」傾向がある。

こうした傾向は、ＯＥＣＤのＰＩＳＡ（「生徒の学習到達度調査」）結果にも表れている。二〇一八年に実施された同調査を分析した文部科学省の指摘によると、「社会経済文化的背景（ＥＳＣＳ‥

Economic, Social and Cultural Status)」という指標（保護者の学歴や家庭の所有物に関する質問項目から作成）の値が大きいほど、社会経済文化的水準が高いとみなし、そのＰＩＳＡ調査では、次のような傾向があるという。

日本、ＯＥＣＤ平均ともに、ＥＳＣＳが高い水準ほど習熟度レベルが高い生徒の割合が多く、ＥＳＣＳが低い水準ほど習熟度レベルが低い生徒の割合が多い。[63]

また読書が「好きな」子どもは、「そうでない」子どもと比べて、全国学力・学習状況調査では教科の「平均正答率」が高い傾向にある。二〇一九年度の調査で見ると、小学校の場合、「あなたは読書が好きですか」という質問に対して次のような結果になっている。

①「当てはまる」と答えた子どもの平均正答率は、国語：七〇・一％、算数：七〇・九％、
②「当てはまらない」と答えた子どもの平均正答率は、国語：五〇・四％、算数：五七・七％。

「当てはまる」「当てはまらない」の「開き」は、国語一九・七％、算数一三・二％である。これは中学校も同様である。各教科の「開き」は、国語：一七・六％、数学：一四・八％、英語：九・四％である。読むことと学力との間には相関関係がある。読書が好きな子どもは学力が高い傾向を示している。[64]

こうした傾向は、先のＰＩＳＡ結果にも表れている。[65]二〇一八年実施の同調査を分析した文部科学省の指摘によると、「読書を肯定的にとらえる生徒や本を読む頻度が高い生徒の方が、読解力の

得点が高い。中でも、フィクション、ノンフィクション、新聞をよく読む生徒の読解力の得点が高い」という。

こうした調査からも、読書活動が読解力を支えていることがわかる。それだけに、家庭の経済状況にかかわらず本を届けたい、情報を届けたいと思う。そうしたことを恒常的に保障できるのは、学校図書館をおいてほかにはない。学校図書館は、子どものセーフティーネットである。

図書館の「無料原則」

このことを、少しばかり視点を変えて、図書館法（一九五〇年）という法律が規定する「無料原則」から考えてみたい。図書館法は、「公立図書館は、入館料その他図書館資料の利用に対するいかなる対価をも徴収してはならない」と規定している（第十七条）。公共施設は多々あるが、それらのなかで「無料」原則を維持している公共施設は、公立図書館以外あまり見当たらない。

だから、なぜ公立図書館は「無料」なのか、あらためてその意義を考えてみることは、学校図書館を考える際にも大きな示唆を与える。「information rich」「information poor」という言葉がある。「情報富者」「情報貧者」である。「information」を入手できるかどうかが、その人の社会的・経済的地位にも直結する。これらの言葉の意味を考えると、図書館がなぜ「無料」なのかがわかる。経済的理由によって「information」の入手を阻まず、誰もが図書館を通じて「information」を入手できることを保障しているからである。

図書館法が制定されたときの文部省社会教育局長は、同法の提案に際して趣旨を説明しているが、そのなかで、第十七条の「無料原則」について、次のように説明している。

その利用は市町村民の貧富等によって制約をうけることのないようにすることは、図書館の本旨よりして当然であるといわねばなりません。[66]

今日の言葉でいうと「市町村民の貧富等」によって「information」の入手を妨げてはならないという意味である。この説明には、図書館を利用する住民の「知る権利」を、市場社会での強者の論理にさらさないという考えが含まれている。住民の「知や情報」の社会的インフラ、セーフティーネットとしての公立図書館の姿が示されている。

民間を軸とした市場社会は、勝者と敗者を生み出す。それは情報市場でも同様で、情報サービスの提供を民間企業にだけ委ねるならば「情報格差」（デジタル・ディバイド）はますます拡大する。経済の分野で指摘される「市場の失敗」という現象は、情報入手という点でも当てはまる。市場の失敗に対しては、公共的サービスの拡大（行政分野の関与）によって社会的公平性を図る施策を採ることが必要だが、同様のことは情報入手に際してもいえる。

そして今日は、情報通信技術の発展によって、情報を紙媒体以外から入手することが常態化した社会である。そうした社会では情報通信手段を入手してその技術を駆使できるか否かが、「情報格差」を生み出す一つの要因にもなっている。図書館は資料や情報という社会的資源を社会に平等に還元することを通して、住民の「知る権利」を保障していく有力な社会的機関である。それだけに、情報サービスに対する公平な保障システムの確立を通じて、情報格差を是正することは、今日の図書館にも課せられた大きな課題である。

今日、こうした考えは学校図書館でも重要な視点になっている。家庭の経済的格差の拡大は、子どもたちの間にさらに大きな格差を生み出しかねない。求める本を親から買ってもらえない、そして情報通信手段を入手できない。そのことは「information」の入手を阻むことにつながる。学校図書館が情報の「館」である以上、電子も印刷もその他の媒体も、等しく子どもたちに提供することが求められる。そうしたことが、子どもの貧困格差の連鎖を止めることに直結するのである。

そして、それは本だけではなく、新聞も含めてである。一カ月の朝夕刊セットの新聞購読料は約四千円。それだけのお金を新聞代にではなく生活費にあてようと考える家庭があっても不思議ではない。経済的理由で、新聞を家庭で読めない子どもがたくさんいる。そうしたこともあって文部科学省は、二〇一二年度から小中学校に新聞一紙を配備するため、毎年十五億円の地方財政措置をしてきたが、一七年度からはこれを三十億円に倍増し、それまで対象外だった高校（公立高校）へ四紙、中学校分もこれまでの一紙から二紙に増やすことにした。

十八歳への選挙権年齢の引き下げなどに伴って、子どもが現実社会の諸課題を多面的・多角的に考察し、公正に判断する力を身に付けることはきわめて重要になっている。その点、新聞は社会への興味や関心を引き起こし、政治・社会など様々な出来事を多面的に把握し、この社会の形成者の一員として、主体的・積極的に関わろうとする態度を育てることに大きく役立つ媒体である。家庭で新聞を読めない子どもが、学校図書館の利用を通して新聞を日常的に読むことは、「主権者教育」にも大きな役割を果たすことになる。文部科学省が進めている「各学校への新聞配備」は、すべての子どもが世界を知るための重要な窓口であり、セーフティーネットでもある。こうした視点からも、学校図書館への新聞配備の必要性を考えてみることが重要だと思う。

情報格差の問題は、書店の偏在としても起きている。その偏在は特に地方で深刻である。「毎日新聞」二〇一五年一月六日付は、「書店空白332市町村」という記事を掲載した。それによると、新刊本を扱う書店が地元にない自治体数が全国で四市を含む三百三十二市町村に上り、全体の五分の一に上ることがわかったという。そして、こうした地域では、公立図書館の設置率も低い傾向にある。全国の公立図書館の設置率は、市（区）ではほぼ一〇〇パーセントだが、町村立は五七・五パーセントにすぎない（二〇一九年四月一日現在）。

子どもが、公共図書館を利用したくても図書館がない、本を買いたくても書店がない。子どもは、いったい日常的にどのようにして本（情報）を入手できるのか。そのときこそ学校図書館の出番である。学校が地域住民の絆の中心であるように、その学校に設けられた学校図書館は、地域の文化拠点であり、子どもの情報入手の保障装置としても大切なのである。そして、子どもたちの間での情報格差を是正することは、「教育を受ける権利」（憲法第二十六条）を実質的に保障する大きな要因でもある。

読書の力、人間を創る力

情報入手の媒体としての本（書物）は、老若男女を問わずに利用でき、その利用に際しては特別の機器を必要としないまれな媒体である。それだけに本というメディアは、情報入手を可能とする最も基本的で普遍的要件を備えた媒体である。そして、その本には文化的遺産としての情報だけではなく、最新の情報も多く網羅されている。

学校教育を含めて、「学ぶ」という営みの多くは情報の入手過程そのものである。教科書を読む、辞書を引く、地図で調べる、いや何よりも先生の説明（話）を聞く、こうした「学び」の過程は、情報（知識）の入手過程そのものである。その営みによっておこなわれる「学び」は、文化的価値（情報）の獲得と、それをもとにした新たな文化の創造でもある。そして、文字や図という記号を通じて、多様な情報を獲得する行為は、「学習権」の内実を形成する重要な営みである。その営みが、想像し、創造し、自分を読み取り、歴史をつづることへとつながっていく。

一人の人間が経験を通じて知ることには限界があり、記憶を重ねることにも限度がある。しかし、森羅万象を書きつづった本を読むことで、時間と空間を超えた無限の世界に触れることができる。また本を手にすることによって、現代という時代を、地域も国境も超えて認識することが可能になる。人間は読書を介して情報を入手することで、自分にも社会にも、そして世界にも近づくことが可能になるのである。

その入り口が「ブックスタート」であり、その読書を学齢期の大切な時期に支える教育環境が学校図書館である。学校図書館を通して、子どもの学びと育ちは一層豊かになるのである。

注

（1）松谷みよ子、菊池貞雄絵『モモちゃんとアカネちゃん』（児童文学創作シリーズ）、講談社、一九七五年

（2）松谷みよ子、司修絵『私のアンネ＝フランク』（偕成社の創作文学）、偕成社、一九七九年

（3）シェル・シルヴァスタインさくえ『おおきな木』ほんだきんいちろうやく、篠崎書林、一九七六年

（4）本章は、拙書『学校経営と学校図書館』（大串夏身監修、〔「学校図書館学」第一巻〕、青弓社、二〇一五年）の第4章第2節「読書の意義」を大幅に加除し修正を加えたものである。

（5）「ブックスタートのあゆみ」「NPOブックスタート Bookstart Japan」（http://www.bookstart.or.jp/about/ayumi.html）［二〇二〇年一月十五日アクセス］

（6）「実施自治体一覧」「NPOブックスタート Bookstart Japan」（http://www.bookstart.or.jp/about/ichiran.php）［二〇二〇年三月十五日アクセス］

（7）「統計で見る日本」「e-Stat 政府統計の総合窓口」（https://www.e-stat.go.jp/municipalities/number-of-municipalities）［二〇二〇年五月十五日アクセス］

（8）恵庭市の「ブックスタート」については、恵庭市立図書館『あかちゃんの笑顔のために――恵庭市ブックスタート事業』（恵庭市立図書館、二〇一八年）、「平成三十年度 恵庭市ブックスタート事業に関するアンケート調査集計結果」などを参考にした。

（9）「子どもの読書活動の実態とその影響・効果に関する調査研究 報告書〔概要〕――子どもの頃の読書活動は、豊かな人生への第一歩！」（http://www.niye.go.jp/kanri/upload/editor/72/File/kouhyouhappyou.pdf）［二〇二〇年一月十五日アクセス］

(10) 全国SLA研究調査部「第六十五回学校読書調査報告」、全国学校図書館協議会編「学校図書館」二〇一九年十一月号、全国学校図書館協議会、四一ページ
(11) あさのあつこ『バッテリー』I―VI(角川文庫)、角川書店、二〇〇三―二〇〇七年
(12) あさのあつこ『花や咲く咲く』実業之日本社、二〇一三年、二〇―二一ページ
(13) スーザン・オーリアン『炎の中の図書館――110万冊を焼いた大火』羽田詩津子訳、早川書房、二〇一九年、一一七―一一八ページ
(14) ウィリアム・シャイラー『第三帝国の興亡』井上勇訳(「戦争への道」第二巻)、東京創元社、一九六一年、二一ページ
(15) 前掲『花や咲く咲く』二〇ページ
(16) 平澤薫「文部省推薦児童図書の読書状況調査について」、日本図書館協会図書館雑誌編集委員会編「図書館雑誌」一九四一年一月号、日本図書館協会、三二―三三ページ
(17) 有吉佐和子『紀ノ川』中央公論社、一九五九年、二三五ページ
(18) 藤井忠俊『国防婦人会――日の丸とカッポウ着』(岩波新書)、岩波書店、一九八五年、一九三ページ
(19) 「第二十七回全国図書館大会決議」、日本図書館協会図書館雑誌編集委員会編「図書館雑誌」一九三三年七月号、日本図書館協会、二〇七ページ
(20) 前掲『大辞林 第四版』六九八ページ
(21) 大日本国防婦人会総本部編『大日本国防婦人会十年史』大日本国防婦人会総本部、一九四三年、八〇ページ
(22) 「第八十一帝国議会衆議院「図書館ノ戦時体制確立ニ関スル決議案」」、日本図書館協会図書館雑誌

編集委員会編「図書館雑誌」一九四三年三月号、日本図書館協会、二〇九ページ
（23）西崎恵『図書館法』日本図書館協会、一九七〇年、四九ページ
（24）全国学校図書館協議会編『図書館法の解説』（学校図書館学講座）、明治図書出版、一九五四年、三六ページ（執筆担当者は井内慶次郎）
（25）『新コンサイス英和辞典』三省堂、一九七六年、九五九ページ
（26）前掲『図書館法』五〇ページ。また前掲『図書館法の解説』には、図書館法が目的の一つに「レクリエーション」を規定したことについて、その意義を「毎日毎日の営みの疲れを休め、新しい元気をつけてくれるような、平易でしかも高尚な音楽や芸術を求めている」と記している（三六ページ）。
（27）同宣言は「学校図書館」一九八九年四月号（全国学校図書館協議会、一一―一二ページ）に柳楽宏訳で掲載されている。
（28）堀尾輝久『教育の自由と権利――国民の学習権と教師の責務』（青木教育叢書）、青木書店、一九七五年、二二一ページ
（29）サン＝テグジュペリ『星の王子さま』河野万里子訳（新潮文庫）、新潮社、二〇〇六年、一〇八ページ
（30）野村恵造編『コアレックス英和辞典』旺文社、二〇〇五年、七九六ページ
（31）山田忠雄／柴田武／酒井憲二／倉持保男／山田明雄編『新明解国語辞典 第六版』三省堂、二〇〇五年、三七一ページ
（32）「多事奏論」（「朝日新聞」二〇一九年七月十三日付）に、アメリカ総局長の論説として次のような記事が載っている。
カリフォルニア大学ロサンゼルス校のジョン・ロジャース教授（教育学）が、全米約五百校の高校

校長を対象に昨夏おこなった調査で、トランプ政権になってからの変化として、八九％が「政治の世界における品性の欠如や好戦的な風潮が校内に波及した」と回答。八三％が「不確かな情報や、生徒間の分断を広げるネット上の言説で校内の緊張がひどくなった」と答えた。

そしてさらに、ロジャース教授は「弱者を攻撃するのは恥ずかしいことという規範が薄れている。教師が注意すると『大統領はやっているよ』と返される」という。

政治指導者が、国民の分断を誘引することはとても危険なことである。「生命、自由及び幸福追求に対する国民の権利」は、「立法その他の国政の上で、最大の尊重をする」という規定は、わが国憲法第十三条である。分断は「生命、自由及び幸福追求に対する国民の権利」を危険にさらすことになる。そうしたことが起こらないよう、いずれの国の政治指導者も「国政」を運営する際に、心に留めておくべきことである。

(33) 茨木のり子『ハングルへの旅』朝日新聞社、一九八六年、一一五ページ。なお同書には、この諺について、「〈売り言葉に買い言葉〉の反対。中学生以上は皆知っている諺だそうだ」という解説がある。
(34) 宮内庁「第26回ＩＢＢＹニューデリー大会基調講演 子供の本を通しての平和――子供時代の読書の思い出――美智子」」(https://www.kunaicho.go.jp/okotoba/01/ibby/koen-h10sk-newdelhi.html)［二〇二〇年一月十五日アクセス］
(35) レオ・レオニ『フレデリック――ちょっとかわったのねずみのはなし』谷川俊太郎訳、好学社、一九六九年
(36) 前掲『大辞林 第四版』一三七九ページ
(37) 阿辻哲次『部首のはなし――漢字を解剖する』(中公新書)、中央公論新社、二〇〇四年、九八ページ

(38) 箇野道明『字源 増補』角川書店、一九五五年、一五八七ページ
(39)『新漢語林』大修館書店、二〇〇四年、七二八ページ
(40) ホッブス『リヴァイアサン』一、角田安正訳(光文社古典新訳文庫)、光文社、二〇一四年、五二ページ
(41) 前掲『炎の中の図書館』七〇ページ
(42) ルソー『エミール』上、今野一雄訳(岩波文庫)、岩波書店、一九六二年、二四ページ
(43) 前掲『君たちはどう生きるか』五五—五六ページ
(44) 日本図書館協会「図書館週間挙行」、日本図書館協会図書館雑誌編集委員会編「図書館雑誌」一九三七年十月号、日本図書館協会、四二〇ページ
(45) 日本図書館協会「国民精神総動員に関する通牒」、同誌四二三ページ
(46) 文部省編著『八紘一宇の精神——日本精神の発揚』(思想国防資料)、思想国防協会、一九三七年
(47) 前掲『大辞林 第四版』二二〇六ページ
(48) 県立長野図書館編『県立長野図書館五十年史』県立長野図書館、一九八一年、四九ページ
(49) 神戸市立図書館編『神戸市立図書館60年史』神戸市立図書館、一九七一年、八ページ
(50) この意見は、北海道内の教育雑誌「教育建設」(北海道教育文化協会、一九四五年十二月創刊)に掲載された。執筆者は当時の国民学校長である。なおこれは、夕張市史編さん委員会編『夕張市史改訂増補』上(夕張市役所、一九八一年)五八二ページから引用した。
(51) マッカーシズムとは 一九五〇年代初頭のアメリカで、共和党上院議員ジョセフ・マッカーシーがおこなった反共主義に基づく社会・政治運動。「共産主義者だ」と批判を受けた政府職員やメディア・映画の関係者が攻撃を受けた。

(52) 前掲『炎の中の図書館』一二三―一二四ページ
(53) レイ・ブラッドベリ／サム・ウェラー『ブラッドベリ、自作を語る』小川高義訳、晶文社、二〇一二年、三四四ページ
(54) 清水悦子「ロサンゼルス公共図書館中央館の改修なる」「カレントアウェアネス」百七十六号、国立国会図書館、一九九四年。このロサンゼルス公共図書館の火災の経緯と同図書館の歴史、多様化する図書館の役割などについては、前掲『炎の中の図書館』に詳細に描かれている。
(55)「「読書の自由」方針声明」、アメリカ図書館協会知的自由部編纂『図書館の原則――図書館における知的自由マニュアル 第6版 改訂版』所収、川崎良孝／川崎佳代子／村上加代子訳、日本図書館協会、二〇〇三年、一九八ページ
(56) レイ・ブラッドベリ『華氏451度』宇野利泰訳（ハヤカワ文庫）、早川書房、一九七五年、一〇一、一〇四ページ
(57) 日本図書館情報学会用語辞典編集委員会編『図書館情報学用語辞典 第四版』丸善出版、二〇一三年、一七二ページ
(58) ピアス・バトラー『図書館学序説』藤野幸雄訳、日本図書館協会、一九七八年、二三ページ
(59) 同書六六―六七ページ
(60) 厚生労働省「平成30年 国民生活基礎調査の概況」二〇一九年七月二日（https://www.mhlw.go.jp/toukei/saikin/hw/k-tyosa/k-tyosa18/index.html）［二〇二〇年一月十五日アクセス］
(61)「朝日新聞」二〇一七年二月十四日付
(62) 中央教育審議会「幼稚園、小学校、中学校、高等学校及び特別支援学校の学習指導要領等の改善及び必要な方策等について（答申）」二〇一六年十二月二十一日（https://www.mext.go.jp/b_menu/

shingi/chukyo/chukyo0/toushin/__icsFiles/afieldfile/2017/01/10/1380902_0.pdf)［二〇二〇年一月十五日アクセス］

　こうした指摘は、二〇一八年のPISA調査結果をふまえた文部科学省の施策のなかにも、「全児童生徒の教育機会の確保によるセーフティネットの構築」の一つとして、「家庭の経済事情に左右されることなく、誰もが希望する質の高い教育を受けられるよう、幼児期から高等教育段階までの切れ目のない形での教育の無償化・負担軽減や、教育の質の向上のための施策を着実に実施」という文言で盛り込まれている。セーフティネットの構築の重要性は、今日では文部科学省でも認識されている。

(63) 前掲「OECD生徒の学習到達度調査2018年調査（PISA2018）のポイント」

(64) 国立教育研究所「平成31年度（令和元年度）全国学力・学習状況調査 調査結果資料［全国版／小学校］」(https://www.nier.go.jp/19chousakekkahoukoku/factsheet/19primary/)［二〇二〇年一月十五日アクセス］

(65) 前掲「OECD生徒の学習到達度調査2018年調査（PISA2018）のポイント」。なお、この調査での「読書」には、本、ウェブサイトなど多様な読み物を含み、デジタル機器による読書も含まれている。

(66)「第7回国会 衆議院 文部委員会 第8号 昭和25年3月10日」「国会会議録検索システム」(https://kokkai.ndl.go.jp/#/result)［二〇二〇年一月十五日アクセス］

第3章　「健全な教養」って何だろう
――学校図書館法第二条の「健全な教養」概念を考える

1　「学校図書館法の目的」規定

学校図書館の二つの目的

学校図書館に関わる人なら誰もが知っている学校図書館法。その学校図書館法は、「学校図書館の憲法」ともいうべき法規である。

「学校図書館は学校の心臓(1)」、「学校図書館は、新しい教育においては必要不可欠(2)」、「学校図書館こそは、カリキュラムを豊かにする中心機関(3)」。いまから約七十年前、戦前の画一的・統制的教育を改革する「要」の教育環境として、学校図書館が多くの国民の意識に上り始めた。その意識の結晶体が、「学校図書館法を制定しよう！」と全国津々浦々から集まった約百万人の署名である。出版事情も情報通信手段も現在と比較して格段に劣っていた時代、この署名と「各地から国会へ送り込まれる山のような陳情の端書」[4]を背に、学校図書館法は議員立法として衆参両院に提案され、両院の全会一致で可決・成立した。戦後八年目の一九五三年のことである。朝鮮戦争休戦の直後、吉田内閣の「バカヤロー解散」があり、映画『ローマの休日』（監督：ウィリアム・ワイラー、主演：オードリー・ヘプバーン）、『君の名は』（監督：大庭秀雄、主演：岸恵子）が大流行した年である。

学校図書館法は、小学校と中学校および高等学校（特別支援学校を含む）に設置された図書館に関する事項を規定した学校図書館の単独立法である。「単独立法」とは、学校図書館に関する事項だけ（単独）を規定した法規という意味である。その学校図書館法は、現在は八カ条と付則（当初は十五カ条と付則）から成り立っているが、ここには学校図書館の定義と目的、設置義務、さらには「人」（司書教諭、学校司書）などに関する事項が規定されている。特に重要なのは第一条で、次のように規定されている。

この法律は、学校図書館が、学校教育において欠くことのできない基礎的な設備であることにかんがみ、その健全な発達を図り、もつて学校教育を充実することを目的とする。

学校図書館を「学校教育において欠くことができない」（不可欠）と規定している。あらゆる学校設備は、それぞれの必要性（不可欠性）の下に設置されているが、学校図書館がなぜ法的にも「不可欠」的設備として位置づけられたのか、その意味は単なる修辞語として軽んじるべきではない。その意味を深化・発展させることが、学校図書館研究には常に問われている。そして同条には、学校図書館法制定の目的も規定されている。学校図書館の健全な発展を図ることを通して「学校教育を充実する」ことにある、と。

そのため、学校図書館はどのような役割や機能を通して「学校教育を充実」しようとしているのか、そのことも同時に問われている。その具体的内容が同法に規定された学校図書館の目的規定である（第二条）。「教育課程の展開に寄与する」ことと「児童又は生徒の健全な教養を育成する」ことの二点を記している。学校図書館は、この二つの目的の達成を通じて「学校教育を充実する」ことになる。そのため、学校図書館を理解するには、この二つの目的の意義を深く理解する必要がある。

「教育課程の展開に寄与する」の意義

その第一の目的（「教育課程の展開への寄与」）の意味は、多くの学校図書館関連の文献、司書教諭講習のテキストに解説されている。筆者も『学校経営と学校図書館』という著書で次のように解説した。少々長いが、その部分を引用する。

> 教育課程はそれ自体としてはプランです。そのためこうしたプランが、どれほど教育課程の本筋に合致したものとして編成されても、それが日々の教育のなかに取り込まれ、日常の教育的営為として実践されなければ意味をもちません。いわば教育課程は実践されてこそはじめて意味をもつのです。教育課程の展開とは、こうした教育的営為の日常的な実践過程のことをい

うのです。

こうした展開（実践的教育過程）は、一人ひとりの教師の日常的な教授過程、あるいは学校総体としてのトータルな教育過程のなかにあります。国語の授業や体育の授業が、学校祭や修学旅行の実施が、あるいは児童会（生徒会）活動の指導が、展開の具体的内実を形成していきます。こうした個々の日常的教育営為が「教育課程の展開」なのです。そして、学校図書館が「教育課程の展開に寄与」するとは、こうした教育的営為が、効果的に実践されるためにおこなわれる学校図書館活動の総体のことをいうのです[5]。

学校図書館が「教育課程の展開に寄与する」とは、学習指導要領に規定された各教科、特別の教科、道徳、総合的な学習、特別活動などの教育活動の展開を学校図書館が支援することである。そのためには、自校の教育状況や地域状況、さらには自校の教員や子どものニーズの正確な認識が必要である。そのニーズをもとに、個別的・具体的な資料の収集、それらの資料の組織化・保存、そうした「準備」をもとに子どもや教師の求めに応じておこなわれる資料の提供と適切なアドバイス、これらの活動そのものが「教育課程の展開に寄与する」ことの内実を形成している。子どもの学習活動を支え、教師の教授活動を支援する一連の活動である。

こうした「寄与」を通して、子どもの学びは深まり、教師の指導（教科指導、教科外指導）も効果的になる。近年、各所で指摘されている学校図書館機能としての「学習センター」「情報センター」は、こうした学校図書館の目的を具体化するための学校図書館機能論である。それだけに、

「教育課程の展開に寄与する」という意義は理解しやすい。

しかし、学校図書館の二つ目の目的、すなわち「児童又は生徒の健全な教養を育成する」に関する解説は、学校図書館を論じた文献にも司書教諭講習テキストにもそれほど多くはない。特にその中心概念である「健全な教養」の意義についての議論はあまり見られない。そこで、本章ではこの「健全な教養」の意味するところを中心に、「児童又は生徒の健全な教養を育成する」という学校図書館の目的規定について論じる。

2　「教養の向上」――学校図書館法の提案理由

この目的規定の理解を、学校図書館法の立法趣旨から検討したい。学校図書館法は、前述のように議員立法である。「議員立法」とは、議員によって法律案が発議され成立する法律の通称のことである。議会主義の原則からすれば、立法権が議会に与えられている以上、すべて議員立法によっておこなわれることが望ましいが、実際にはその数は少なく、多くは内閣が提出する「内閣立法」（閣法）である。学校図書館法が提出された時期（一九五三―五五年）の議員立法の割合は約四〇％弱である。(6)

学校図書館法は、立法の当初から学校図書館を主管する文部省（当時）の「積極的な支持」は得られなかった。しかし、同法は多くの議員の賛同をもって議員立法として国会に提案された。提案会派は当時のすべての会派にわたり、その提案者にはのちに文部大臣に就任する議員（坂田道太〔衆議院〕など）も加わっていた。[7]

その学校図書館法が提案されたとき、議員立法であるため議員が当然その提案理由を説明したが、そのなかに、本章のテーマである「健全な教養」を理解するためのヒントを見ることができる。その提案理由では、学校図書館の設置に伴って「学習指導の能率が高まり、自発的学習態度が養成せられ、以て個性の伸張と教養の向上に資すること極めて顕著なるものがあります[8]」と述べている。本章との関連でいえば、学校図書館の設置が「教養の向上に資する」役割をもっていることを述べている。

こうした考えは、学校図書館法制定を目指した人たちの共通理解であった。学校図書館法制定に向けて全国を牽引し組織的運動を展開したのは、法成立の三年前（一九五〇年）に創立された全国学校図書館協議会である。協議会の月刊誌「学校図書館」は、法成立の五カ月前に「学校図書館法の制定をめざして」という特集を組んでいる。そのなかに「われわれは何を世論に訴えようとしているのか」という一節がある。そこでは、「学校図書館の設置経営によってもたらされる好ましい効果は次の通りである」として、五点の「効果」を記している。その二番目に、次のような「効果」を記している。

児童生徒の自発的学習の気風を助成し、個性の伸長と教養の向上に大きく寄与する。[9]

ここにも、「教養の向上に大きく寄与する」ことを学校図書館設置との関連で述べている。学校図書館と「教養」とは深く結び付いていたことがわかる。そして、先の提案理由は、さらに次のように述べている。

学校図書館の資料を活用いたしまして読書指導の徹底が達せられ、又図書館利用を通じて、社会的民主的な生活態度を経験させる等実に学校教育において欠くことのできない基礎的な設備であるのでございます。[10]

この提案理由には、学校図書館資料の活用を通じた読書指導の重要性が論じられている。これらのことを合わせて考えてみるなら、この学校図書館法の提案理由には、①学校図書館を通じて教養の向上を図る、②その方途として読書教育が重要である、ということを提示している。すなわち、学校図書館の目的である「児童又は生徒の健全な教養を育成する」には「読書」が重要であり、その読書を日常的に担保する教育環境として「学校図書館」が不可欠だという考えである。学校図書館法の提案理由では、教養—読書—学校図書館、そうしたことを一連の流れとして提示していたことを読み取ることができる。

3　「児童又は生徒の健全な教養を育成する」の意義

「教養」の意味を考える

学校図書館法は、読書を通じて「教養の向上」に資することを規定している。そこで次に、「読書」のことを論じたい。

多くの人は、「読書」という言葉から、「読」の対象としての「書」にどのようなイメージを抱くだろうか。ユニークな解釈で知られる『新明解国語辞典 第六版』には、「読書」という言葉の意味を次のように解説している。

〔研究調査や受験勉強の時などと違って〕一時（イットキ）現実の世界を離れ、精神を未知の世界に遊ばせたり人生観を確固不動のものたらしめたりするために、（時間の束縛を受けること無く）本を読むこと。〔寝ころがって漫画本を見たり電車の中で週刊誌を読んだりすることは、勝義の読書には含まれない〕[11]

「勝義」とは、「その言葉の持つ、本質的な意味・用法[12]」のことである。この定義から推測できる「読」の対象としての「書」には、「本質的」には研究調査関係文献、受験参考書、漫画本、週刊誌などは含まれないことになりそうである。しかし『広辞苑 第七版』では、「読書」の意味は「書物を読むこと」と解されていて、特に「書」の対象を限定していない[13]。『舟を編む[14]』ことは容易ではないようだ。

『新明解国語辞典 第六版』でいう「人生観を確固不動のものたらしめたりする」という説明は、「教養」という概念と結び付きそうである。そこで次に、その「教養」とはどんな概念なのだろうか、国語辞典を典拠に「教養」の意味を調べてみる。

まず『広辞苑 第七版』である。ここでは、教養は「学問・芸術などにより人間性・知性を磨き高めること[15]」と定義づけて、culture（イギリス、フランス）、Bildung（ドイツ）という外来語も付加されている。次に『新明解国語辞典 第六版』では、「文化に関する、広い知識を身につけることによって養われる心の豊かさ・たしなみ」と定義づけて、さらに「(自己の) 専門以外に関する学問・知識[16]」という意義も付加している。また『大辞泉』では、「学問、幅広い知識、精神の修養などを通して得られる創造的活力や心の豊かさ、物事に対する理解力。また、その手段としての学問・芸術・宗教などの精神活動[17]」と解説している。「人間性、知性、心の豊かさ、理解力」、国語辞典には類似の解説が並んでいる。

「cultūra」と「教養」

そもそも教養という言葉の語源は、ラテン語の「cultūra」（耕作）に由来していて、その意味は「畑を耕すように人間の精神を耕す[18]」ことである。英語の「culture」も、「耕す」を意味するラテン語「colere」に由来している。初めは土地を耕して作物を育てる意味だったものを「心の耕作」に転義させて、人間の精神を耕すことが教養であると解されるようになったという。[19] また英語の「cultivate」という動詞には、第一義に「[土地を]開墾する、耕作する」が、続いて「[植物・作物を]栽培する」「[才能・教養などを]養う、伸ばす」[20] という意味がある。

また前述のように「教養」に相当するドイツ語の名詞は「Bildung」で、その意味は「人間形成、教養」であり、その動詞形は「bilden」である。その「bilden」には「形成する、構成〈結成〉する」「(人格・才能などを)陶冶する」[21] という意味があり、「bilden」は英語の「build」(建築する、建てる)に相当する。

そのため教養という概念には、自己の精神を「耕す」ことによって、自己を「人格の完成」体たる存在に近づけようという意味が含まれている。あるいは、自己をしっかりとした土台がある個体へと「建築する」という意味が含まれている。そこには、自己を「高み」へと導こうとする価値指向的意味が付与されている。そのために、教養という概念は元来、プラスイメージが備わっている言葉で、その「耕す」「建てる」方法の一つとして「読書」が考えられた。

そして学校図書館法では、その読書という営為を日常的に担保する教育環境として学校図書館が位置づけられた。それが「児童又は生徒の健全な教養を育成する」ことに結び付くことになったのである。

4 「教養」概念の歴史性と時代性

「俗流化し堕落した教養」から「真の意味の教養」の復興

しかし、学校図書館法にいう「健全な教養」という文言をどう理解したらいいのだろうか。前述のように「教養」概念にはプラスとしての意味が包含されている。そのプラスイメージに、さらに「健全な」という語を冠するにはどんな意味が込められているのだろうか。それは単なる修飾語にすぎないのだろうか。その意味は必ずしも明らかではない。

しかし、言葉も時代の産物である。学校図書館法が制定される四年前の一九四九年刊行の文献には、「教養」に関して次のような指摘がある。執筆者は木村健康(東京大学名誉教授)であり、この文献は河合栄治郎との共同編集によるものである。

教養ということばは今日では極めて俗流化されて安易浅薄な意味に用いられているけれども、元来それは深い哲学的基礎をもち、長い精神史的伝統を背景とする困難な人間完成の修練を意味するのである。現在最も必要なことは俗流化し堕落した教養の概念を捨てて真の意味の教養を復興せしめることでなければならぬ。この企てにして成功するならば、現在「教養」に対して抱かれている不満と侮蔑との殆ど大部分は消失してしまうであろう。[22]

「極めて俗流化されて安易浅薄な意味に用いられている」教養概念、「「教養」に対して抱かれている不満と侮蔑」。そして「俗流化し堕落した教養」から「真の意味の教養」の復興へ。

こうした言説を読むと、戦後の「教養」概念には、必ずしもプラスイメージが備わっていたわけではないことがわかる。そこで次に、学校図書館法に規定された「健全な教養」概念を理解するために、「教養」という概念の歴史的意味合いについて検討する。

「型の喪失」――唐木順三

わが国で「教養」なる語が世に知れ渡るようになるのは、大正時代に入ってからである。「明治時代の日本には教養といふ通念はなかった。教養は大正期以来のもので、修養という言葉に代つてあらわれたものである」[23]。文芸評論家・思想家の唐木順三の解説である。

その唐木は、この大正期に誕生した「教養」について次のように述べる。

〔教養は：引用者注〕明らかに儒教的な「修養」に対置される概念である。修養という文字の古臭さに対して教養が如何に新鮮な匂いをただよわしていることか。そこでは「型にはまった」ことが軽蔑される。形式主義が斥けられる。[24]

「「型にはまった」ことが軽蔑される」。唐木が一九四九年に発表した著書『現代史への試み』の代表的言説「型の喪失」論である。さらに唐木は次のようにも言う。

明治以来の型、儒教、仏教、武士道によって媒介された型、それによって鍛え上げられた型は大正、昭和にいたっては殆ど残存しなくなった。[25]

そして「そういう型に代ってあらわれた教養人が知識階級の大多数[26]」を占めることになり、その教養人には「人類の遺した豊富な文化の花の蜜を自由に、好むままに集める蜜蜂のような読書が尊」ばれ、「その花蜜によって自己の個性を拡大しようとする[27]」ことが重要視されたのだと。「教養」の涵養には読書が尊ばれたという。その「教養」は、哲学・歴史・人文など人文学の読書を通して、自己を内面的・個性的に発達させることを意味する新しい概念だった。こうした思想傾向や生活態度が、のちに教養主義と称されるようになった。わが国の代表的な日本史辞典では、教養主義について「この言葉は、読書見聞によって人類の遺した豊富な文化的諸価値を自由に受け入れること、それを通して自我を内面的、個性的に発達させることを意味した[28]」と解説している。教養は、「読書見聞」を通じて自我を育てることを含意した語であった。こうした思想傾向は、大正時代の旧制高校での規範的な学生文化として一定の広がりを見せ、のちに「大正教養主義」という言葉で一般化することになる。

しかし、こうした「教養」は、（前述の国語辞典のように）プラスイメージに彩られた概念だったのだろうか。その点、唐木はこうした傾向（教養派）に対して厳しい批判的考察を加える。唐木は先の型に代わって現れた「教養人」について、次のように述べている。

彼等は普遍と個別、人類と個性、自然と人生を問題にしたが、国家、社会、政治を軽蔑し、或はそれに無関心であった。即ち個性ではあったが、自らの型をもたなかった。国家や政治に対しては傍観者であった。或は傍観的にしかあげつらわない者であった。[29]

国家や社会に対する「無関心、傍観者」であるという、「教養派」に対する厳しい指摘である。こうした教養派に対する唐木の指摘は随所に見られる。「国家、民族、社会の大問題の最中に、意識的に、国家、民族、政治、経済、即ち経世済民を軽蔑し、或はそれを黙殺する文化主義の台頭[30]」。この一文の前には、ソビエト革命の成就、日本のシベリア出兵、国内の労働攻勢の激化、米騒動などの社会動向の記述がある。教養派にとって「種」（国家、社会、政治、経済）は「邪魔者」であり、教養派は「普遍の真理を無媒介に感得する天才、国家、社会に超然として自己の内奥にこもる天才[31]」だったと唐木は指摘する。

こうした「社会性の欠如」に対する唐木の批判は、大正教養派の代表的人物である阿部次郎に対しても向けられている。阿部次郎は、内省的模索の記録であり戦前の青年の愛読書だった『三太郎の日記[32]』の著者である。その阿部に対して次のように評している。

この著者は、明治から大正へかけての社会的大変動の時期に於て、（略）外の社会に目をつぶって、専ら自分の内面生活の悲哀や希望を書き綴っていた。[33]

そしてこうした「社会性の欠如」は、『三太郎の日記』とともに多くの青年に読み継がれた『愛と認識との出発』のなかで、著者・倉田百三自身も、次のように述べている。

この書にはいわゆる唯物論的な思想は無い。一般的に云って、社会性に対する考察が不足している。[34]

教養概念の「歴史的含蓄」――三木清

先に「言葉も時代の産物である」と記した。唐木も「教養というものがひとつの歴史的規定をもっている」[35]と述べている。言葉を含めてあらゆる事象は「時代性、歴史性」を帯びている。哲学者・三木清もまた、教養という言葉がもつ「歴史的含蓄」について論じた一人である。

三木清は、人間学的立場からマルクス主義に接近して当時の知識人に多大の影響を与えた。共産党同調者として検挙され、教職（法政大学教授）を去ってジャーナリズムで活躍。治安維持法で再度検挙され、一九四五年九月に獄死した人物である。「再度検挙」されたのは、一九四五年三月、友人をかくまったかどで治安維持法違反に問われたためである。その三木が執筆した「読書遍歴」という文献がある。太平洋戦争直前の四一年六月から十二月まで「文藝」（改造社）に連載された。

そのなかで、三木は高等学校（第一高等学校、一九一七年卒業）時代に第一次世界大戦が起こったが、そのときのことを「教養」と関連させて次のように回顧している。

考えてみると、私の高等学校時代はこの前の世界戦争の時であった。『考えてみると』と私はいう、この場合この表現が正確なのである。というのはつまり、私は感受性の最も鋭い青年期にあのような大事件に会いながら、考えてみないとすぐには思い出せないほど戦争から直接に精神的影響を受けることが少くてすんだのである。単に私のみでなく多くの青年にとつてそうではなかったのかと思う。(略)

あの第一次世界戦争という大事件に会いながら、私たちは政治に対しても全く無関心であつた。或いは無関心であることができた。やがて私どもを支配したのは却つてあの『教養』という思想である。そしてそれは政治というものを軽蔑して文化を重んじるという、反政治的乃至非政治的傾向をもっていた、それは文化主義的な考え方のものであった。あの『教養』という思想は文学的・哲学的であった。それは文学や哲学を特別に重んじ、科学とか技術とかいふものは『文化』には属しないで『文明』に属するものと見られて軽んじられた。[36]

第一次世界大戦は、一九一四年から一八年に起きた歴史的大戦争である。日本も日英同盟を結んでいたことを理由に参戦した。大正という時代が始まってすぐのことである。その時代に高等学校時代を過ごした三木が、そのとき起きた第一次世界大戦に「無関心」でいられたのは「『教養』という思想」であり、その教養は「反政治的乃至非政治的傾向をもっていた」と回顧している。

そして三木は、先の文章に続いて、この時期（大正時代）の教養思想は、明治時代の啓蒙思想に対する反動として起こったと論じ、さらに次のように述べている。

それが我が国において『教養』という言葉のもつている歴史的含蓄であつて、言葉というものが歴史を脱することのできないものである限り、今日においても注意すべき事実である。私はその教養思想が台頭してきた時代に高等学校を経過したのであるが、それは非政治的で現実の問題に対して関心をもたなかった（略）[37]。

ここでもあらためて、教養思想が「非政治的で現実の問題に対して関心をもたなかった」思想だったと述べている。三木はまた、同時期に発表された別の論文でも同様のことを述べている。

嘗て大正時代に教養という言葉が流行したとき、同時に合言葉となったのは、文化という他の一つの言葉であった。しかもその場合、文化は文明というものと区別されたのみでなく、また特に政治と対立させられた。（略）〔教養で：引用者注〕目標とされたのは主として精神的文化、特に哲学と芸術であり、その際政治に関することがらはむしろ意識的に排除されたのである[38]。

「教養」は、「反政治的乃至非政治的傾向」を有し「非政治的で現実の問題に対して関心をもたない」概念だったと三木は指摘する。この指摘は、国家や社会に対する「無関心、傍観者」としての教養派に対する唐木の批判とも符合する。そして、三木がいう「言葉というものが歴史を脱することのできないもの」という指摘はとても意味深い。「教養」という言葉も「歴史的含蓄」を帯びている。それは、教養の内実は、社会的・歴史的に変容するものであることを示唆している。

「たてまえ」としての教養――片岡啓治の教養論

三木が青春時代を過ごした大正教養主義は、大正後期になるとこの「潮流にブレーキをかける勢力が大きく台頭してくる[39]」。そうしたなか、大正教養主義の伝道者だった阿部次郎が、「十年以前の昔である」として「教養」に関する文章を記している。知人の出版者がある叢書の出版に際して「教養叢書」と命名しようとしたら、彼の店の花形だった若い店員が、「「教養」という言葉は既に黴臭くなって今日の人心を牽引する力がない[40]」と言ったという文章である。この文章は一九三三年に執筆しているので、「十年前」は大正時代の後半である。この時代、阿部自身が「「教養」の不評判は益々今日の青年の間において甚しくなりつつあるらしい[41]」と言うようになる。教養の軽視が起こってきている。

その背後にはマルクス主義の台頭がある。ロシア革命（一九一七年）、米騒動（一九一八年）、そして労働運動の高揚を背景にマルクス主義への関心が高まり、「第一次世界戦争後には、一定のリベラルな風潮がひろがり政党政治も本格的にはじまり、一九二〇年代に、マルクス主義は、特に知識人の間で流行思想となった[42]」。

しかしその後、満州事変（一九三一年）を皮切りに非常時が叫ばれ、言論統制が強化されるなか、滝川事件（一九三三年）、天皇機関説事件（一九三五年）、二・二六事件（一九三六年）が起きた。そして小林多喜二の拷問死（一九三三年）に象徴されるような過酷な弾圧があり、マルクス主義関係の書籍の検閲や発禁が相次ぎ、マルクス主義は急速にその影響力を失っていく。

そうしたなか、一九四〇年前後に教養主義の復権が起きる。その復権に大きな影響を及ぼしたのは河合栄次郎である。河合は、大正・昭和期の経済学者で東京帝国大学教授を務めた。徹底した自由主義の立場から社会の改良を唱え、マルクス主義とファシズムをともに批判。一九三八年に著書が発禁処分となり、経済学部内の派閥抗争もあり翌年に休職処分となった人物である。「経済学部内の派閥抗争」とは、河合の著書『ファシズム批判』[43]『時局と自由主義』[44]など四冊が安寧秩序を紊乱するものとして出版法違反に問われたことを機に、帝大内で河合を社会的に抹殺しようとした右翼・軍部などによる思想弾圧事件のことである。

その河合が編者として刊行された「学生叢書」（全十二巻、日本評論社、一九三六―四一年）が学生・青年層に必読の書として読まれていった。いわゆる「昭和教養主義」の誕生である。

この時期、一九二九年の世界恐慌と引き続く昭和恐慌、そして（終焉が見通せない）戦争という国家的危機を前にして、各人の「教養」のあり方があらためて問われた。そのための必読の書が、当時の各界の知識人によって編まれた「学生叢書」であり、河合はその中心的担い手だった。

しかし、この時代に十代を過ごした片岡啓治（ドイツ文学者・評論家）は、「教養」について厳しい批判の眼を向ける一人である。片岡は、一九七五年に出版した「日本教養全集」のある巻の「解説」を執筆しているが、そこで、戦前の教養概念がどのような実態だったのかに関する独自の見解を論じている。そこで片岡は、昭和初期に説かれた「教養」に対する激しい違和感を表明している。その言説を紹介する。まずは「教養」に関する次のような思いである。

> 私たち以上の世代では、〈教養〉という言葉をきくと、すぐ浮んでくるのは、〈真・善・美〉ということである。つまり、〈真〉を求め、〈善〉に即き、〈美〉を愛する。〈教養〉を積むといえば、そうした心のあり方を養うことに他ならなかった。私が不思議に思うのは、そうした心のあり方をはぐくんでいった果てになぜ戦争がありえたのだろうか、ということなのである。（略）やはり不思議なのは、そうした理念によって永らく〈教養〉を積んできた果てに、なぜ他国に対しての侵略戦争などというものがありえたのか、ということなのである。[45]

そしてさらに次のようにいう。

> 〈教養〉が意味したものを厳密につきつめてゆけば、そこにありうるのは、自他を貫いて共に結びつける絆ではあっても、自他をへだて、ましてや一方的に他者を侵して日本に服させる侵略戦争などでありうるはずはない。（略）戦時下に私が耳にしたのは、〈教養〉とはまさしく戦争と一致するものであり、〈真・善・美〉はまさに八紘一宇の理念と一つである、というようなたわけた言葉であった。[46]

片岡の幼少期に満州事変（一九三一年）が起こり、十代の中頃に太平洋戦争が始まっている。その頃、「八紘一宇」という言葉が町にあふれていた。「八紘一宇」は、第二次近衛内閣が策定した「基本国策要綱」（一九四〇年）の「根本方針」に記された「皇国ノ国是ハ八紘ヲ一宇トスル肇国ノ大精神ニ基キ世界平和ノ確立ヲ招来スルコトヲ以テ根本トシ」に由来する。これによって「大東亜共栄圏」の建設が国策になり、以後、「八紘一宇」は日本の中国と東南アジアへの侵略を正当化するスローガンとして用いられた。片岡は、〈真・善・美〉は、その「八紘一宇」の理念と一体だったと指摘する。

その片岡はさらに、「教養」について次のように論じる。

私が思うのに、〈教養〉とは一つの生き方であり、〈教養〉を積む、とはそうした生き方を身につけ学びとることに他ならなかった。（略）それでゆけば、日本という国家の枠を踏みこえるような国際主義がやがて生みだされてゆくかのようだった。(47)

しかし片岡は、「それはたてまえでしかない」という。そして、「たてまえ」としての〈教養〉は「決して人類的普遍につらなるようなものではなく、きわめて歴史的なものだった」、その「歴史的」というのは「時代と文化の特殊性に限定された」(48) ものだったと分析している。「時代と文化の特殊性に限定された」「歴史的な」概念としての「教養」。そして、「戦争は、そうやって貪欲にむさぼりとったもろもろの〈教養〉による武装が成就されたときに訪れた。それは、（略）私たちなりの理解で積みあげていった〈教養〉のまさしく成果だったのである[49]」と。
「教養」概念に対するきわめて厳しい指摘である。

「真善美」と教養――丸山真男の指摘

片岡は言う、「〈教養〉という言葉をきくと、すぐ浮んでくるのは、〈真・善・美〉」である、と。では、その「真善美」とはどんな概念なのだろうか。『広辞苑』によると、「認識上の真と、倫理上の善と、美学上の美。人間の理想として目ざすべき普遍妥当的な価値[50]」、また『日本国語大辞典』には、「認識上の真と、倫理上の善と、審美上の美。理想を実現した最高の状態をいう[51]」と、同様の解説がある。

そして片岡が指摘するように、教養の中軸を占める学問や芸術の意義が「真善美」という言葉で体現されていた時代があった。政治学の泰斗・丸山真男は、敗戦直後（一九四六年）に「超国家主義の論理と心理」という論文を発表し、戦後日本の言論界に大きな衝撃を与えた。丸山はそのなかで、政治的「権力」と宗教的「権威」とが一体化し、「真善美の内容的価値を占有」したところに、信仰の自由はいうまでもなく、そもそもどのような学問と芸術の自立性が成り立っただろうかと問いかける。その箇所を引用する。

〔わが国では：引用者注〕国家が「国体」に於て真善美の内容的価値を占有するところには、学問も芸術もそうした価値的実体への依存よりほかに存立しえないことは当然である[52]。

教養概念と表裏一体の「真善美」の内容が、国家によってその「内容的価値を占有」されていたと論じる。続けて次のように論じる。

しかもその依存は決して外部的依存ではなく、むしろ内面的なそれなのだ。(略)何が国家のためかという内容的な決定をば「天皇陛下及天皇陛下ノ政府ニ対シ」(官吏服務紀律)忠勤義務を持つところの官吏が下すという点にその核心があるのである。そこでは、(略)主観的内面性の尊重とは反対に、国法は絶対価値たる「国体」より流出する限り、自らの妥当根拠を内容的正常性に基礎づけることによっていかなる精神領域にも自在に浸透しうるのである。[53]

そしてさらに、

それ自体「真善美の極致」たる日本帝国は、本質的に悪を為し能わざるが故に、いかなる暴虐なる振舞も、いかなる背信的行動も許容されるのである![54]

と論じる(傍点はいずれも原文)。

真理や道徳などの内容的価値に対しては個々の社会的集団や個人の良心に委ね、国家(権力)はそうした価値内容に対しては中立的立場をとる近代国家とは異なり、戦前の国家が個々人の内面に無限に介入し、「価値内容の独占的決定者」として現れていた姿を鋭く指摘している。特に戦前の少国民、そしてすべての国民（臣民）の精神を支配した教育勅語の発布（一八九〇年）について、「日本国家が倫理的実体として価値内容の独占的決定者たることの公然たる宣言であった[55]」と論じた。教育勅語は、私的領域に公的権威が介入し、臣民の思想と行動を規律するものだった。

丸山のこの指摘は、前述したように教養の中核要素である「学問・芸術[56]」も「文化に関する、広い知識[57]」も、政治的「権力」と宗教的「権威」が一体化するなかで、その「内容的価値」が規定されていたと論じている。

5 「健全な教養」を考える

教養概念の「歴史性」

論を「学校図書館」に戻す。学校図書館の目的の一つとしての「児童又は生徒の健全な教養を育成する」（学校図書館法第二条）という規定の中核概念である「健全な教養」の内実は何なのか、それが本章の主要なテーマである。そして「教養」概念は、「学問・芸術などにより人間性・知性を磨き高めること[58]」と定義づけられているように、プラスイメージを有する言葉だ。

しかし、学校図書館法が制定されたとき（一九五三年）、「教養」概念は必ずしもプラスイメージではなかった。「「俗流化し堕落した教養」から「真の意味の教養」の復興」（木村健康）が提起されていた。あるいは丸山真男は、「教養」と密接不可分の関連にある「真善美」の内実は、国家でその「内容的価値を占有」されていたと論じた。そしてその丸山は、日本の「インテリゲンチャ」の教養（ヨーロッパ的教養）は、「頭から来た知識、いわばお化粧的な教養ですから、肉体なり生活感情なりにまで根を下していない」[59]とさえ論じていた。「教養」に関して、このような論説が展開されるなか、戦後制定された学校図書館法にいう「健全な教養」とはどんな概念なのか、そのことを明らかにするために「教養」概念の歴史性を検討してきた。

「歴史的規定」を有した教養概念

哲学者・倫理学者の和辻哲郎は、「「教養」という言葉と理念を「修養」の中から自立させて最初に使った人」[60]といわれている。その和辻は、一九一七年にある随筆を発表した。「すべての芽を培え」である。そのなかで教養について論じている。その一部を引用する。

青春の時期に最も努むべきことは、日常生活に自然に存在していいるのでないいろいろな刺激を自分に与えて、内に萌えいでた精神的な芽を培養しなくてはならない、という所に集まって来るのです。

これがいわゆる「一般教養」の意味です。数千年来人類が築いて来た多くの精神的な宝――芸術、哲学、宗教、歴史――によって、自らを教養する、そこに一切の芽の培養があります。「貴い心情」はかくして得られるのです。全的に生きる生活の力強さはそこから生まれるのです。[61]

展開されているのは、「人類」が築いてきた芸術、哲学などすべてが「教養」を培うとする、人格主義を基本にした教養論である。和辻はこの随筆の最後で、「「教養」は人を堕落から救います。そうして人をその真の自己へ導いてゆきます」[62]と述べている。

教養が長い年月、青年を引き付け導いていった原点がここに記されている。「数千年来人類が築いて来た多くの精神的な宝――芸術、哲学、宗教、歴史」によってすべての芽を培って自らを教養せよ、と述べている。

しかし、その教養はどんな「姿」として現れたのか、そのことを前述の論者たちは厳しく指摘していた。唐木は、国家・社会に対する「無関心、傍観者」としての「教養人」を指摘する。三木は、第一次世界大戦にさえ「無関心」でいられた教養がもつ「反政治的乃至非政治的傾向」を論じる。片岡は、教養が「八紘一宇」と一体になった「真善美」を連想させる概念としてあったことを厳しく指摘する。そして丸山は、「真善美」の内容は「国体」でその内容的価値を占有されていたと論じる。

こうした指摘を見ると、「教養」は、国語辞典で解説している「人間性・知性」[63]あるいは「養われる心の豊かさ・たしなみ」[64]のようなプラスイメージを常に有していたわけではないことがわかる。教養概念は、それぞれの時代のなかで、また歴史のなかでそれぞれに解釈され変容を繰り返したのである。「教養」の内実もまた、「歴史的規定をもっている」(唐木順三)あるいは「歴史的含蓄」

（三木清）を帯びているのである。

「健全な教養」概念

敗戦後八年目に成立した学校図書館法に規定された「健全な教養」概念を理解するために、教養概念がもつ「歴史的含蓄」を中心に検討する。しかし、学校図書館法制定の際の議事録を見ても、「健全な」教養に関する詳細な審議経過を見ることはできない。そこで、学校図書館法制定の六年前（一九四七年）に制定された教育基本法を参考にして、「健全な教養」概念を検討してみたい。

（旧）教育基本法は、一九四七年に公布された日本国憲法と軌を一にして制定されたわが国の教育の基本を規定した法律である。それだけに、学校図書館法を考察する際にも有力な視座である。とりわけ、その前文と第一条は、教育の本質と目的を定めたものであり、（教育のなかで育成されるべき）教養概念の分析でも重要な位置を占める。

教育基本法の根底的人間観は、人間の尊厳にある。教育基本法を審議した第九十二帝国議会（衆議院、一九四七年三月十四日）で文部大臣・高橋誠一郎は、質問に答えて次のように述べている。

教育基本法におきましては、既に御承知のごとく、人格の完成をもつて教育本来の目的と定めておるのであります。わが国におきまして最も欠けておりますことは、個人の覚醒がなかつたというにあつたと考えるのであります。この点が国を誤らしめたところのものではなかつたかと考えておるのであります。これから先、文化的な平和国家を建設いたしますがためには、どうしてもこの個人の尊厳を認め、個人の価値を認めていかなければならぬというのが、私どものもつております確信であります。これをまず教育上の根本理念として取上げたのでありま す[65]。

こうした人間観の教育法的表現が「教育は、人格の完成をめざし、平和的な国家及び社会の形成者として、真理と正義を愛し、個人の価値をたつとび、勤労と責任を重んじ、自主的精神に充ちた心身ともに健康な国民の育成を期」す（同法第一条）という規定である。

教育基本法はまた、国家構成員の一人として果たすべき各人の役割の重要性にかんがみ、社会的・政治的存在としての人間観を提起している。教育の力による「民主的で文化的な国家」の建設（前文）や「平和的な国家及び社会の形成者として」の国民の育成（第一条）などの規定がそれである。とりわけ、国民を単なる社会の「構成員」にとどまらない平和的な国家と社会の「形成者」として捉える人間観は、受動的人間とは対極にある能動的・自覚的人間の存在を前提としている。それだけに、こうした人間には「憲法上の主権者として、その自らの意志が他人との連帯によって、このような国家、社会を形成していくに足る内面からの力量[66]」が求められ、内面からのこうした力の育成が教育には期待されていた。そしてこのような規定の背後には、戦前に「皇国民養成機関」と化した学校教育への深い反省が込められている。

さらにまた教育基本法は、文化活動の主体者、真理の探究者としての人間像をも提起している。「真理と平和を希求する人間の育成」（前文）、「真理と正義を愛」する人間の育成（第一条）、「文化の創造と発展に貢献」するような教育の創造（第二条）などの規定は、そうした考えの端的な表現である。いわば、教育の問題は文化の問題でもあるという教育と文化の一体性、真理や正義の前での教育の謙虚さなどをうたったこうした規定は、子どもの精神活動の全面的な発達を通して、次代の人間を育成する教育にとって必然的なものである。

憲法学者・小林直樹は、教育は「健全」な国民の育成を目指すものであるという前提に立って、その「健全」さの意味内容について次のように述べる。

> 民主国家の人間像は、専制支配者のそれとは違って、「真理と正義を愛し、個人の価値をたっとび（略）自主的精神に充ちた」（教育基本法一条）国民である。今日よりももっと解放された明るい未来の創造的文化を作り出してゆくには、そのような健康な自主的国民を必要とする。[67]
>
> （傍点は原文）

「健全」な国民像を、教育基本法第一条から導き出している。

「国家、社会の形成者」と教養

こうした視点をベースにすると、学校図書館法にいう「健全な教養」の内実を「一応」説明することができる。それは、（教育基本法に具体化された）人権、主権、文化の諸価値の形成と享受に連なる人間的豊かさのことであり、その「育成」によって期待されている人間像とは、こうした豊かさを享有した自主的で創造的な人間である。

こうした人間観（教養観）には、大正期以来の教養主義が有していた教養論、すなわち芸術や哲学などをもとにした個人の精神活動の向上といった考えが据えられている。文化的価値の重要性の指摘はそうした教養論に基づいている。しかし教育基本法にいうこうした人間観（教養論）は、「反政治的乃至非政治的傾向」（三木清）を脱している。主権者国民を培うという教養論が根底にある。「平和的な国家及び社会の形成者として」国民を位置づける考えには、国民を国家と社会に対する「無関心、傍観者」（唐木順三）の地位には留め置かないという考えを見ることができる。こうした考えは、「平和で民主的な国家及び社会の形成者」（第一条）、「主体的に社会の形成に参画し」（第二条三号）という文言で現行教育基本法にも規定されている。

そもそも（旧）教育基本法は、政治にとっての教育の重要性を指摘している。同法第八条は「良識ある公民たるに必要な政治的教養は、教育上これを尊重しなければならない」と規定している（改正教育基本法は第十四条）。ここでは、政治教育と関連して「良識ある公民」に必要な素養としての「政治的教養」の尊重をうたっている。「政治的教養」とは、主権者として必要な民主政治上の諸制度についての知識、さらには現実の政治に関する理解力や公正な批判力などのことを指している。

「真理と正義を希求」するという人間観、あるいは「教育の目的」を達するために「学問の自由」を尊重する（第二条）という考えには、「真善美」の内容には国家が立ち入らない、すなわち国家が「真善美」の「内容的価値を占有」（丸山真男）しないという考えを内包している。また、天皇機関説事件の際の「国体明徴声明」（一九三五年）のような、国家による特定の学説の排除（内容的価値に対する国家の関与）を容認しないという基本的姿勢を見ることができる。「学問の自由」がなければ、「真理と平和を希求する人間の育成」は不可能であるという歴史認識を根底に置いたものである。

学校図書館法に規定された「健全な教養」の内実をこのように考えることは、戦後教育の胎内から誕生した学校図書館の存在意義とも合致する。前述のように、学校図書館法の制定を牽引したのは、法成立の三年前（一九五〇年）に創立された全国学校図書館協議会である。同協議会の「創立宣言」は、次のようにうたっている。

> われわれは、よく整備せられた豊かな図書資料を通じて、児童生徒の個性と良識が、かつぱつに、自由に、より深く育つていくものであると思つている。そして、学校図書館を通じて、強靭な知性と意志を育てようとしている。(68)

学校図書館を媒介とした「強靭な知性と意志」は、教育基本法に規定された価値観をもとに培われるものであり、同時に「教養」を根底から支えるものである。

「新しい時代における教養教育の在り方について」を媒介に
――「地球規模、歴史的、多元的」な視点としての教養

しかし、こうした教育基本法を媒介とした「健全な教養」に関する解釈も「一応」という注釈を付さなければならない。なぜなら、教養概念は「歴史的規定をもっている」(唐木順三)、「歴史的含蓄」(三木清)を帯びたものだからである。学校図書館法にいう「健全な教養」の「教養」を理解する際にも、こうした捉えが必要である。そのため、教育基本法が二〇〇六年に全面改訂された現在、「健全な教養」を検討するには、新たな視点が必要になる。

その際、参考にすべき資料に「新しい時代における教養教育の在り方について」という中央教育審議会答申(二〇〇二年。以下、〇二年答申と略記)がある。〇二年答申は、「教養についての共通理解」が失われかけたいま、「今後の新しい時代に求められる教養とは何か、また、それをどのようにして培っていくのかという観点[69]」からの審議に基づいて出されたものである。その前提になる社会認識について、次のように指摘している。

①大きな社会的変動のなかで、既存の価値観が大きく揺らいでいる。
②個人も、社会も、自らへの自信や将来への展望をもちにくくなっている。
③社会全体に漂う目的喪失感や閉塞感のなかで、学ぶことの目的意識が見失われている。
④特に幼・少年期や青年期の若者に、自我の確立を求め自ら学ぼうとする意欲が薄れている。

そして、「歴史的な転換期・変革期にあって一人一人が自らにふさわしい生き方を実現するため

に必要な教養を再構築していく必要がある」と、教養の「再構築」の必要性を強調している。また、○二年答申は、教養は「人類の歴史の中で、それぞれの文化的な背景を色濃く反映させながら積み重ねられ、後世へと伝えられてきた」ものであるという認識を示している。この認識は、「教養」は時代的・社会的背景を有した「歴史を脱することのできない」（三木清）ものだという認識と重なるものである。

○二年答申は、そうした立場から、「教養」を検討する際の要素として五点を提示した。その第一に、①「社会とのかかわりの中で自己を位置付け律していく力」、②「自ら社会秩序を作り出していく力」が、不可欠であると指摘されている。この指摘には、「新しい教養」には主権者国民として、この社会のありように積極的に関わっていくべきという認識が含まれている。国家と社会に対する「無関心、傍観者」（唐木順三）ではない人間像、「反政治的乃至非政治的傾向」（三木清）とは対極の教養観が、ここには提示されている。個々人が、社会の「形成者」として、積極的に社会のありように参画していく。そうしたなかで、社会の実相を自ら実感し、望ましい社会のありようを考えていく、そのようなプロセスによって「新しい教養」が形成されていくことになる。それは、前述した（旧）教育基本法第七条の「政治的教養」の育成にも連動するものである。

そして○二年答申は、新しい時代に求められる教養を検討し、次のような教養像を打ち出した。

新しい時代に求められる教養の全体像は、変化の激しい社会にあって、地球規模の視野、歴史的な視点、多元的な視点で物事を考え、未知の事態や新しい状況に的確に対応していく力として総括することができる。こうした教養を獲得する過程やその結果として、品性や品格といった言葉で表現される徳性も身に付いていくものと考える。(70)

「地球規模の視野、歴史的な視点、多元的な視点」。こうしてみると、答申には、教養に関する一定の「価値体系」が示されているわけではない。こうした視野や視点に基づく「見方、考え方」、未知の事態や新しい状況に的確に対応していく「力」として、教養像が提起されている。

それだけに、「健全な教養を育成する」(学校図書館法第二条)には、「学問・芸術」のありように目を向けながら、「現実の世界」を直視する必要がある。そして、「人生観」を「確固不動」なものにするためにも、多様な領域(世界)と向き合うことが求められる。文学はもちろん、科学も歴史も社会も。自己を取り巻く広い領域(世界)との対話が求められている。

そのときに大切なことは、思考が「単眼」的にならないことである。単眼的な考えに基づいて培われた「力」は、「変化の激しい社会」に対応できる力にはなりえない。特に「地球規模」「歴史的」問題と対面するときには、「複眼」的思考が求められる。そうした「複眼」的思考を積み重ねた結果として(あるいは、その過程で)、個々人に「教養」が形成され、それが「目に見えない社会の基盤」(〇二年答申)になるのである。

「主体性」「統合力」「異文化理解」――教養教育に求められること

〇二年答申はさらに、「どのように教養を培っていくのか」という章を設け、教養教育を考えるにあたって、「特に重視すべき観点」として、次の三点を挙げている（概略）。
①教養教育を通じて、学ぶことやよりよく生きることへの主体的な態度を身に付け、何事にも真摯に取り組む意欲を育てていくことである。教養とは、本来自発的に身に付けるべきものである。
②教養教育は、個人が生涯にわたって新しい知識を獲得し、それを統合していく力を育てることを目指すものである。膨大な情報のなかから自らに必要なものを見つけ、獲得し、それを統合していく知的な技能を一人ひとりが培うことを、教養教育の一貫した課題として位置づけて取り組んでいく必要がある。
③教養の涵養にとって、異文化との接触が重要な意味をもつ。異文化との相互交流を通じて、自分とは何かを考え、自己を確立するとともに、自分と異なる人や社会や文化などを理解し、これらを尊重しながらともに生きていく姿勢を身に付けることは、教養の重要な柱である。

ここで提示された「主体性、自発性」「知識の獲得と統合力」「異文化理解と共生」は、今日の社会を自立的・共存的に生き抜くために「不可欠」な要素でもある。それだけに、「新しい教養」を育てることは、日常的な教育営為のなかで実践的になされることが重要である。

こうした考えは、学校図書館法にいう「健全な教養」概念を理解する際にもとても参考になる。日常的な図書館サービスを通じて、子どもの「主体性、自発性」の育成を支援し、情報の入手・分析・加工を通じて情報を「統合する」力を育て、多様な資料を通じて「異文化理解」を可能にするのである。図書館は、そうした資質を培う重要な教育環境でもある。

読書は「人類が獲得した文化」——「文化審議会答申」(二〇〇四年)

今日、読書の対象は文学作品にとどまらず、多様な分野にも拡大されるべきという考えは、広く共有されている。いまから十六年前(二〇〇四年)に出された「これからの時代に求められる国語力について」(文化審議会答申)では、読書の範疇には文学作品に限らず、自然科学・社会科学関係の本や新聞・雑誌、知識を調べるための本も含めている。それらを含めて読書は「人類が獲得した文化」であるとの前提に立っている。

その答申では、さらに「教養」との関連で、次のように指摘している。

読書は、国語力を構成している「考える力」「感じる力」「想像する力」「表す力」「国語の知識等」のいずれにもかかわり、これらの力を育てる上で中核となるものである。特に、すべての活動の基盤ともなる「教養・価値観・感性等」を生涯を通じて身に付けていくために極めて重要なものである。[71]

教養を身に付けるための重要な営みとして「読書」が挙げられている。そして、その読書の対象になるのは、文学・哲学などにとどまらないあらゆる分野だという指摘である。かつての教養主義が、読書の対象として「数千年来人類が築いて来た多くの精神的宝」として「芸術、哲学、宗教、歴史」(和辻哲郎)を例示していたが、答申はこうした人文主義的分野に特化しないあらゆる分野を読書対象に含めている。

その「人類が獲得した文化」は、図書館では知の体系に基づき分類されている。わが国でのそれは日本十進分類法（Nippon Decimal Classification、ＮＤＣ）である。図書館は知の宇宙であり、知の館である。図書館という「館」より大きな館はない。その「館」にある資料（書）の多くは文字で編んであり、図書館資料（書）の多くは「読」の対象分野である。学校図書館を利用するということは、こうした知の宇宙（「人類が獲得した文化」）を旅することでもある。そのため、学校図書館法が規定する「健全な教養の育成」は、こうした知の宇宙を旅することによって身に付けられるものでもある。学校図書館法でいう「教養」は、特定化された知の世界に限定されることなく、知の宇宙の全分野を通して育成されるべきものである。

『何をどう読ませるか』

『何をどう読ませるか』（全国学校図書館協議会必読図書委員会編、全国学校図書館協議会）という本がある。子どもの発達段階に応じた「読書の勧め」ともいうべき本で、全国学校図書館協議会が小学校低学年、小学校中学年、小学校高学年、中学校、高等学校向けに合計五冊を出版している。各冊ごとに約五十点の本を紹介し、一九五八年に第一版が刊行されて以来、九四年から二〇〇〇年までに六訂版を刊行している。この本を見ると、それぞれの時代に、子どもたちに「読ませたい」本は何なのか、いわば読書を通じた「教養」の内実を見ることができる。

高校生版からその一端を見てみる。第一版（一九五八年）では、「読ませたい」本の約四十点が文学作品であり、そのうち二十数点は日本文学である。『阿部一族』『暗夜行路』『蟹工船』『こころ』『斜陽』『真空地帯』『真理先生』『雪国』『若い人』などが並んでいる。その他に外国文学（欧米、ロシア、中国）として、『阿Q正伝』『嵐が丘』『アンナ・カレーニナ』『キュリー夫人伝』『父と子』『チボー家の人々』『武器よさらば』などが入っている。文学作品以外では、『現代日本の歴史』（井上清／小此木真三郎／鈴木正四）、『新唐詩選』（吉川幸次郎／三好達治）、『文学入門』（伊藤整）、『万葉秀歌』（斎藤茂吉）、『余の尊敬する人物』（矢内原忠雄）などを列挙している。

こうした書目には、（特に文学作品には）いわゆる「名作」と称される作品が多々含まれていて、育成すべき「教養」の中身をうかがい知ることができる。そして読書指導の目標として、①思索的・批判的な態度の養成、②集団読書による視野の拡大、③文学作品への案内などを示している。

その後、版を重ねることによって、「読ませたい」書目も変化してきた。第六版（二〇〇〇年）では、文学作品は減少し、ロシア文学は『罪と罰』一点だけである。それに対して、自然科学、社会科学、歴史などの分野の作品が増加傾向を示している。『木に学べ――法隆寺・薬師寺の美』（西岡常一）、『希望のヒロシマ――市長はうったえる』（平岡敬）、『憲法読本』（杉原泰雄）、『ゾウの時間ネズミの時間』（本川達雄）、『センス・オブ・ワンダー』（レイチェル・カーソン）、『ハーメルンの死の舞踏』（ミヒャエル・エンデ）、『幻のオリンピック』（川成洋）などを挙げている。また読書指導の観点でも、「読書領域の拡大と、深化をはかる」ことと記している。読書材として、①豊かな心情を育てる、②自己の発見と確立をはかる、③社会のなかでの生き方を考える、④科学的な思考と態度を育てる、ものをあげている。

こうした変化を比喩的にいえば、「古典から現代へ」「文学中心から他分野への広がり」である。「教養」の内実、すなわち「人間性・知性」「養われる心の豊かさ・たしなみ」の中身が変容しつつあることがうかがえる。「教養」という言葉は同じでも、その言葉に込められた内実が変化しているのである。

６　「健全な教養の育成」と選書

「ニーズ」に基づいた選書

本章の最後に、「健全な教養」の育成と関わる学校図書館の「選書」について論じる。

学校は現実社会のなかの営みである以上、そこには多様な価値観が入り込む。子どももその保護者も、そして教師自身も社会の多様な価値観のるつぼのなかで生きている。さらにメディアの多様化は、情報量の増大をも生み出す。子どもの学習の素材としての教材が、「子どもの発達段階に応じて選択された知的文化財」であっても、子どもはそれ以外の多くの情報（文化財）を得て生活している。そのために「健全な教養の育成」（学校図書館法第二条）も、そうした情報環境から大きな影響を受ける。

学校図書館は子どもに「健全な教養」の育成と関わり、子どもに「良い」本を読ませたいと思うが、その思いと子どもの読書要求との間にある種の乖離があることは否めない。しかし「健全な教養」が、いわゆる「良書」だけで育成されるものでないことも明らかである。教師は「心に残り、感動的な」本を子どもに読ませたいと思うが、どの本が「心に残り、感動する」かは一様ではない。本は著者の思想の体現物だから、「心に残ったり、感動したり」するという心的状況は、そうした著者の思想に触れることに深く関わっている。そして、「心に残り、感動する」という心の震えは、読み手の心的状況、さらには生活体験などにも起因している。そのため今日、多くの学校図書館では、選書に際しては、いわゆる「良書主義」にだけ依拠しているわけではないように思う。「良書より適書を」「子どもの要求に応える」という立場からの選書論である。

こうした選書論は、戦後すぐの時期にも指摘されていた。国語教育、読書指導、児童文化評論といった各方面に業績を残した滑川道夫は、一九五一年にある文章で「良書が買われている事実と、良書が子どもたちに読まれている事実とは、かならずしも一致しない」と述べた後に、次のように記している。

また抽象的一般的普遍的な推選された「良書」は、具体的な子どもにとつて必ずしも「良書」となるかどうかけ、かるがるしく断定できない。（略）子どもたちの現状的興味を開発しつつ、「適書」をつねに「より高い適書」へ志向させることが、読書指導の任務である。この意味において「良書」とは「より高い適書」でなければならないだろう。[72]

「良書」「適書」に関するこうした選書方法については、国語力について提言した先の文化審議会答申のなかでも次のように述べている。

学校図書館の図書の利用が増えないのは、「これを読みなさい」という発想での蔵書構成になっていて、子供たちが本当に「読みたい本」を提供できていないことにもその一因があると考えられる。「良い本」「良くない本」という教職員の判断だけではなく、保護者や子供たちの意向も十分に取り入れることのできるような図書の選定方法を検討することも必要であろう。(73)

子どもの成長を促すためにも、学校図書館は極力多様な情報や価値が含まれた資料を用意することが大切である。そして、子どもの要求にどれだけ近づけるかは、個別の学校の選書の仕方に大きく依拠している。それだけに、選書にあたっては、学校図書館の目的を基本に、多様な価値観、多様なジャンルを視野に入れた、いわば複眼的視点をもった選書が必要である。

そのためには、学校図書館担当者は、当該学校が学校図書館資料に対してどのようなニーズをもっているのかを把握することが重要である。ニーズは、何よりも当該学校の子どもや教員の日常的な生活や教育的営為のなかにある。それだけに、ニーズの発掘には、その学校の教育や子どものありようを知ることが前提である。そして、そのニーズには、現在必要なものもあるし将来的なものもある。いま求められている資料を早急に収集することは大事だが、教科学習や読書要求として将来的に求められる資料も多々ある。現在と将来、両者のニーズをきちんと把握することが大切である。

そして、そのニーズ自体も、当該学校図書館のサービスのありよう、資料群の内容などによって変化する。利用者に対する適切な対応、ニーズを把握した資料群の構成は、ニーズそのものに変化を与える。イギリスの図書館学者ドナルド・アーカートは、「供給は需要を作り出す」と言っている。図書館側が利用者の要求に応えるサービスを展開していけば、利用者の図書館に対する信頼が高まり、利用者の需要が増大するというのである。「需要」を作り出す鍵は「供給」側にあるという指摘である。[74] ニーズは、固定的ではなく可変的である。ニーズに基づく選書とは、こうした自校の内実を理解し、学校図書館への思いを受け止め、そして柔軟性を保っておこなうものなのである。

選書の「自主性、自立性」

次は、「自主性、自立性」に基づく選書についてである。選書は、学校の「自主性、自立性」の下でおこなわれるという、きわめて当然のことである。

二〇一三年に、島根県松江市で、市内の小・中学校でマンガ『はだしのゲン』(中沢啓治、集英社ほか、一九七三—八七年）が松江市教育委員会の要請によって閉架措置にされていることが報道された。[75] この措置が学校図書館に突き付けた問題は、学校図書館の選書に教育行政が関与することの是非だった。松江市教育委員会はこの問題が全国的に広がるなかで臨時会議を開き、教育委員会事務局の判断は、「手続きに不備がある」ため「要請前の状態に戻すのが妥当」という結論を下した。閲覧制限の撤回である。[76]

これ以後、『はだしのゲン』の閲覧制限、あるいは自由閲覧を求める陳情が多くの自治体の議会や教育委員会になされた。こうした陳情を受けた議会のなかで、東京都練馬区教育委員会は陳情を審議し、教育委員五人で論議が交わされた。その最終結論は、委員長の「まとめ」として次のようになっている（二〇一三年十二月二日）。

> 学校図書館における図書の選定、購入、取り扱い、廃棄は、指定有害図書以外の図書については学校の実情に沿って、各学校長の判断のもとに行われるべきものであり、教育委員会が一律に統制を図るべきものではない。[77]

学校図書館蔵書に対する学校の「自主性・自立性」を尊重した対応である。

その点、「ユネスコ学校図書館宣言」[78]は、図書館資料への検閲や圧力要求と関わり、「学校図書館は、情報がどのような形態あるいは媒体であろうと、学校構成員全員が情報を批判的にとらえ、効果的に利用できるように学習のためのサービス、図書、情報資源を提供する」、さらに「学校図書館のサービスや蔵書の利用は、国際連合世界宣言・自由宣言に基づくものであり、いかなる種類の思想的、社会的、あるいは宗教的な検閲にも、また商業的な圧力にも屈してはならない」とも述べている。

すなわち同宣言は、学校図書館を、構成員（子ども、教師）が情報を「批判的にとらえ」「効果的に利用」できるための装置として位置づけ、そうしたことが達成できるように、思想的・社会的・宗教的な「検閲」（censorship）や商業的な「圧力」（pressures）に屈してはならないことを述べたのである。

選書に対する学校の自主性・自立性が守られることは、子どもが情報を「批判的にとらえ」、学校図書館を「効果的に利用」できるためにも大切なことである。図書館の命は資料である。学校図書館がその機能を十分に発揮しうるか否かは、選書に大きく依拠している。それだけに、選書に力を注ぎ、信頼され魅力にあふれた学校図書館を作りたいものである。

「健全な」教養を育成するためには、「単眼的」価値観から脱することが必要である。そのことを学校図書館で実質化する最前線の営為が「選書」である。当該学校のニーズをもとに、外部からの「検閲」や「圧力」を排した選書をすることが重要である。そのことが、迂遠なようでありながら「健全な教養を育成する」という学校図書館の目的を実質化するのである。

注

(1)「第二次訪日アメリカ教育使節団報告書」(一九五〇年)。この報告書は、細谷俊夫/奥田真丈編『教育学大事典』第六巻(第一法規出版、一九七八年)に所収してあり、「学校の心臓部」の部分は二〇二ページに載っている。

(2)前掲『学校図書館の手引』三ページ

(3)「日本における教育改革の進展」、文部省調査普及局編「文部時報」第八百八十号、帝国地方行政学会、一九五一年、一五ページ

（４）松尾弥太郎「「学校図書館法」が生まれるまで」、全国学校図書館協議会編「学校図書館」一九五三年九月号、全国学校図書館協議会、二二ページ
（５）前掲『学校経営と学校図書館』八〇ページ
（６）高澤美有紀「主要国議会の法律案提出手続及び法律の成立状況」、国立国会図書館調査及び立法考査局編「レファレンス」第七百九十一号、二〇一六年、国立国会図書館、五三ページ（https://dl.ndl.go.jp/view/download/digidepo_10229024_po_079104.pdf?contentNo=1&alternativeNo=）［二〇一九年十二月十七日アクセス］
（７）阪本一郎「感謝のことば」（前掲「学校図書館」一九五三年九月号）の八ページに提案議員名が掲載されている。
（８）「第16回国会 参議院 文部委員会 第12号 昭和28年7月24日」「国会会議録検索システム」（https://kokkai.ndl.go.jp/#/detailPDF?minId=101615115X01219530724&page=1&spkNum=0¤t=-1）［二〇一九年十二月十七日アクセス］
（９）全国学校図書館協議会「学校図書館法の制定をめざして」、全国学校図書館協議会編「学校図書館」一九五三年三月号、全国学校図書館協議会、九ページ
（10）前掲「第16回国会 参議院 文部委員会 第12号 昭和28年7月24日」
（11）前掲『新明解国語辞典 第六版』一〇六三ページ
（12）同書七〇四ページ
（13）新村出編『広辞苑 第七版』岩波書店、二〇一八年、二〇八六ページ
（14）三浦しをん『舟を編む』（光文社、二〇一一年）は、出版社の辞書編集部で働く編集部員たちが新しい辞書を作る過程の悩みや葛藤や喜びを描いた小説。

(15)前掲『広辞苑 第七版』七七二ページ
(16)前掲『新明解国語辞典 第六版』三七五ページ
(17)『大辞泉』上、小学館、二〇一二年、九五七ページ
(18)国原吉之助『古典ラテン語辞典』大学書林、二〇〇五年、一七一ページ
(19)『日本大百科全書』第六巻、小学館、一九八五年、九五三ページ
(20)前掲『コアレックス英和辞典』三六六ページ
(21)国松孝二ほか編『独和大辞典 第二版』小学館、一九九八年、三七六ページ
(22)木村健康「教養」、河合栄治郎/木村健康編『教養文献解説 増訂版』上所収、社会思想研究会出版部、一九四九年、三ページ。
(23)唐木順三「増補 現代史への試み」『唐木順三全集』第三巻、筑摩書房、一九六七年、二五九ページ。単行本『現代史への試み』は、一九四九年に筑摩書房から出版された。
(24)同論文九三ページ
(25)同論文一四二ページ
(26)同論文一四二ページ
(27)同論文九三ページ
(28)國史大辞典編集委員会編『國史大辞典』第四巻、吉川弘文館、一九八三年、三七四ページ
(29)前掲「増補 現代史への試み」一四二ページ
(30)同論文九八ページ
(31)同論文九四ページ
(32)阿部次郎『三太郎の日記』東雲堂書店、一九一四年

(33) 前掲「増補 現代史への試み」一〇九ページ
(34) 倉田百三『愛と認識との出発』(角川文庫)、角川書店、一九五〇年、七―八ページ
(35) 前掲「増補 現代史への試み」八八ページ
(36) 三木清「読書遍歴」『読書と人生』(小山文庫)、小山書店、一九四九年、三三―三五ページ。なお、この「読書遍歴」という文献は、『三木清全集1 パスカルに於ける人間の研究 人生論ノート』(一九六六年、岩波書店)にも所収されている。
(37) 前掲「読書遍歴」三五―三六ページ
(38) 三木清「教養論」『三木清全集13 評論1 宗教・教養と文化1』岩波書店、一九六七年、三一二ページ。この論文は、「教養論の現実的意義」と題して「改造」一九三七年四月号(改造社)に発表された。
(39) 筒井清忠『日本型「教養」の運命――歴史社会学的考察』岩波書店、一九九五年、九四ページ
(40) 阿部次郎「文化の中心問題としての教養」『阿部次郎全集10 秋窓記、学生と語る』第十巻、角川書店、一九六〇年、三三四ページ
(41) 同論文三三四ページ
(42) 加藤哲郎「戦前日本のマルクス主義国家論(概観)」、一橋大学一橋学会一橋論叢編集所編「一橋論叢」第九十七巻第二号、日本評論社、一九八七年、一八六ページ
(43) 河合栄治郎『ファシズム批判』日本評論社、一九三四年
(44) 河合栄治郎『時局と自由主義』日本評論社、一九三七年。この書は自由主義者・河合の労作であり、現在もその輝きを放っている。
(45) 片岡啓治「解説」、野坂昭如/五木寛之/李恢成『不浄理の門 風に吹かれて 身勢打鈴を排す』

（『日本教養全集』第十一巻）所収、角川書店、一九七五年、三八〇ページ
(46) 同論文三八〇ページ
(47) 同論文三八〇―三八一ページ
(48) 同論文三八一ページ
(49) 同論文三八三ページ
(50) 前掲『広辞苑 第七版』一五一五ページ
(51) 日本国語大辞典第二版編集委員会／小学館国語辞典編集部編『日本国語大辞典 第二版』第七巻、小学館、二〇〇一年、六四九ページ
(52) 丸山真男「超国家主義の論理と心理」『現代政治の思想と行動』上、未来社、一九五六年、一一ページ。この論文は、最初は「世界」（岩波書店）の一九四六年五月号に発表された。
(53) 同論文一一ページ
(54) 同論文一四ページ
(55) 同論文一一ページ
(56) 前掲『広辞苑 第七版』七七二ページ
(57) 前掲『新明解国語辞典 第六版』三七五ページ
(58) 前掲『広辞苑 第七版』七七二ページ
(59) 前掲「日本ファシズムの思想と運動」六〇ページ
(60) 前掲『日本型「教養」の運命』八八ページ
(61) 和辻哲郎「すべての芽を培え」『偶像再興 面とペルソナ アメリカの国民性』（『和辻哲郎全集』第十七巻）、岩波書店、一九六三年、一三二ページ

(62) 同論文一三三ページ
(63) 前掲『広辞苑 第七版』七七二ページ
(64) 前掲『新明解国語辞典 第六版』三七五ページ
(65)「第92回帝国議会 衆議院 教育基本法案委員会 第1号 昭和22年3月14日」「帝国議会会議録検索システム」(https://teikokugikai-i.ndl.go.jp/#/detail?minId=009210549X00119470314¤t=12)［二〇一九年十二月十七日アクセス］
(66) 大田堯「教育の目的」、国民教育研究所編『教育基本法――制定30年と民主教育の課題』(別冊・季刊「国民教育」)所収、労働旬報社、一九七七年、一二四ページ
(67) 小林直樹「憲法と教育――体系的把握への序説」、有倉遼吉教授還暦記念論文集刊行委員会編『教育法学の課題――有倉遼吉教授還暦記念』所収、総合労働研究所、一九七四年、一九ページ
(68) 全国学校図書館協議会創立時の結成「宣言」は、全国学校図書館協議会のウェブサイトに掲載されている(全国SLA創立時の結成「宣言」〔https://www.j-sla.or.jp/about/declaration.html〕［二〇一九年十二月十七日アクセス］)。
(69) 中央教育審議会「新しい時代における教養教育の在り方について(答申)」二〇〇二年二月二十一日(https://www.mext.go.jp/b_menu/shingi/chukyo/chukyo0/toushin/020203.htm)［二〇一九年十二月十七日アクセス］
(70) 同ウェブサイト
(71) 文化審議会答申「これからの時代に求められる国語力について」二〇〇四年二月三日(https://www.mext.go.jp/b_menu/shingi/bunka/toushin/04020301/015.pdf)［二〇一九年十二月十七日アクセス］

(72) 滑川道夫「個人差への適応」、全国学校図書館協議会編「学校図書館」一九五一年四月号、全国学校図書館協議会、五ページ
(73) 前掲「これからの時代に求められる国語力について」
(74) D・アーカート『図書館業務の基本原則』高山正也訳、勁草書房、一九八五年、一三ページ
(75)「山陰中央新報」二〇一三年八月十六日付
(76)「山陰中央新報」二〇一三年八月二十七日付
(77) 東京都練馬区教育委員会「平成二十五年度第二十三回教育委員会定例会会議録」二〇一三年十二月二日
(78)「ユネスコ学校図書館宣言」は、「図書館雑誌」二〇〇三年三月号(日本図書館協会、一七〇—一七一ページ)に長倉美恵子・堀川照代訳で掲載されている。

第４章　図書館利用記録とプライバシー
――刑事訴訟法第百九十七条第二項に関連して

1　図書館利用記録の捜査機関への提供

「北海道新聞」「苫小牧民報」

「利用者情報 半数が提供」「図書館の捜査協力増加」「内心の自由巡り せめぎ合い続く」。「北海道新聞」二〇一九年六月三日付は一面トップ記事で、図書館利用者の利用情報が捜査機関に提供されていた問題を報じた。図書館利用者のプライバシーに関わる問題である。さらに十三面で、北海道内の公立図書館の提供状況を詳細に報じ、「図書館の利用者情報 割れる判断」として、「提供「相当の理由」」「拒否「令状が必要」」と、この問題の核心を突いた見出しをつけている。この記事の発端は、あるメールが届いたことから始まっているという。その部分を同記事のリードから紹介する。

「図書館が利用者の情報を警察に提供していいのですか」。苫小牧の無職の男性（六十八）が北海道新聞にメールを寄せた。苫小牧市立中央図書館が警察の任意捜査協力に応じ、貸し出し履歴などを提供していたことが昨年末に判明し、不安だという。

発端は、苫小牧市立中央図書館の捜査機関への対応だった。苫小牧市は、北海道南西部の太平洋に面したＪＲ室蘭本線・日高本線・千歳線の分岐点にある交通の要所であり、人口約十七万人（北海道内四番目）の北海道の中核都市である。

この件は、苫小牧市を中心エリアとする地方紙「苫小牧民報」（一九五〇年創刊、発行部数約四万三千部）がすでに報じていた。「北海道新聞」に記事が掲載される約半年前（二〇一八年十一月十三日）のことである。同紙のその日の一面トップに、「苫小牧市立中央図書館 警察へ利用者情報「任意協力の提供に疑問も」」の見出しで次のような記事がある。

苫小牧市立中央図書館が昨年四月、警察の照会を受けて特定利用者の図書の貸し出し履歴や予約記録を提供していたことが分かった。全国の図書館や図書館員などでつくる公益社団法人日本図書館協会（東京）は、国民の知る自由や思想信条を保障するため、捜査機関への個人情報の提供に慎重さを求めている。しかし、中央図書館を所管する市教育委員会は、強制捜査の捜索差し押さえ令状のない任意協力の要請段階で情報提供した。市教委は「文部科学省から違法性はないとの回答を得ている」とするが、利用者から対応を疑問視する声も上がる。

さらに記事によると、警察からの照会は電話で市教育委員会の生涯学習課にかかってきていて、これを受けて市教委内部で協議し、捜査協力を決定。その後、中央図書館では市教委の指示に基づき来館した苫小牧署員に対応。警察の捜査関係事項照会書を受け、市教委の判断もふまえて情報提供に応じたということである。

また、①苫小牧市教育委員会は、警察への情報提供について「この五年間で見て、初めてのケース」と話していること、②同館の複数の元館長によると、「少なくともこの十年間、警察に利用者情報を提供した記憶はない」こと、③さらに、元館長の一人は「本の貸し出し履歴は思想信条にも関わる個人情報。警察の照会を受けたこともあったが、令状の提出を求め、提供に至らなかった」と述べたこと、をも取材し報じている。

テレビドラマに現れた図書館利用記録の流出

第三者への提供

そもそも、図書館利用者の利用記録（貸出記録や利用事実）を図書館外に提供しない（外部に漏らさない）ということは、図書館界が長年にわたって積み上げてきた基本的認識である。その認識は、「図書館の自由に関する宣言」（日本図書館協会、一九七九年改訂、以下、「宣言」と略記）に示されている。「宣言」はまず冒頭で、図書館の基本的任務を次のように述べている。

図書館は、基本的人権のひとつとして知る自由をもつ国民に、資料と施設を提供することをもっとも重要な任務とする。

そして、続いて「宣言」の主文では、「この任務を果たすため、図書館は次のことを確認し実践する」として、四項目（主文）を列挙している。

第一は「図書館は資料収集の自由を有する」、第二は「図書館は資料提供の自由を有する」である。この二つの主文は、図書館の資料収集・提供に対する図書館外（個人・団体・組織・機関など）からの介入を排除し、図書館の自律的運営に基づいて市民の「知る自由」（知る権利）を確保しようとする原理を規定した項目である。

そして第三が、「図書館は利用者の秘密を守る」である。そして、その具体的実践事項として、副文（主文を解説した文）では次の事項を規定している。

1、読者が何を読むかはその人のプライバシーに属することであり、図書館は、利用者の読書事実を外部に漏らさない。ただし、憲法第三十五条に基づく令状を確認した場合は例外とする。

2、図書館は、読書記録以外の図書館の利用事実に関しても、利用者のプライバシーを侵さない。

3、利用者の読書事実、利用事実は、図書館が業務上知り得た秘密であって、図書館活動に従事するすべての人びとは、この秘密を守らなければならない。

このように「宣言」は、図書館利用者の秘密の保持を規定している。

この「宣言」（一九七九年）は改訂されたもので、最初の「宣言」は一九五四年に出されている。その五四年宣言には、「利用者の秘密を守る」という項目は独立した項目（主文）としては取り上げられていなかった。しかし「その後警察などの捜査活動が図書館利用者のプライバシーを侵害するおそれのある事例が、各地に生じてきたため[1]」、この項目が独立した項目（主文）になった。

しかし「宣言」制定後も、その認識が問われるケースが、フィクションの世界でも現実の世界でも多くあった。次にそれらの事例を紹介したい。

まずは、フィクションの世界での事例である。図書館が、テレビドラマや小説などに登場することはしばしばあるが、「図書館は個人の貸出情報を他人に教える」という誤解によって製作・執筆された作品も多々ある。古いケースだが二例紹介する。一例目はNHKの朝の連続テレビ小説『ぴあの』がそれである（一九九四年四月二十三日放映）。同日放映分に、主人公ぴあのの姉に好意を抱く男性が、「図書館で君のお姉さんの借りた本を調べたんや」というくだりがある。その前日の放送では、大阪府立中之島図書館がロケで映っていただけに、同館にとっても遺憾なことであった[2]。そのため、このことを知った日本図書館協会は、翌日（四月二十四日）、NHKに対して図書館界の考えを伝えるとともに、この問題についての説明を求めた。それに対してNHKは、翌々日（二十五日）の放送分では、①前述のセリフのうち「図書館」を削除して放映すること、②謝罪文を「図書館雑誌」に掲載すること、について同意した。[3]掲載された謝罪文のなかでNHKは、「今後は、貴協会が図書館利用者の秘密やプライバシーの保護に腐心されておられることを十分認識し、番組の制作を進めていく所存でございます」[4]という「お詫び」を述べている。

二例目は、テレビ東京系列六局が放映した『女と愛とミステリー人気作家シリーズ③夏樹静子サスペンス』である（二〇〇三年十一月十九日放映）。このドラマでは、「杉並区民図書館」が第三者に利用者の読書記録を見せる場面があった。そのため日本図書館協会は、放送の翌日テレビ東京に問い合わせ、①図書館が第三者に利用者の読書記録を見せることはありえない、②地方公務員法に触れる行為である、③協会として「自由宣言」や「倫理綱領」を制定している、などを説明して、「図書館に対する誤解を増殖させるので、善処をお願いしたい」旨を申し入れた。それに対しテレビ東京は、①夏樹静子さんの原作にはない場面で、脚本の段階で入ったものである、②問題の三シーンをカットして再放送する、③同シリーズの十二月三日放送の際、不適切だった旨のお詫びを流す、などの回答をした。[5]

捜査機関への提供

こうした利用記録（特に貸出記録）が、第三者（特定の個人）に対してではなく、捜査機関に流出する事例も、犯罪捜査に関するドラマや小説に見られる。

「貸出記録」とは、特定の図書館利用者がどんな図書を借りたのかに関する情報で、図書館は資料を館外に貸し出す際は、①誰に、②どんな資料を、③いつまで、貸し出すかについてのデータを保存する必要がある。この三点を結び付けたデータが「貸出記録」である。その貸出記録が捜査機関に流出する、というケースである。

例えば、テレビ朝日が放映したドラマ『相棒』の第七話（「夢を喰う女」）がそれである（二〇〇四年十二月八日放映）。このドラマには、図書館職員が犯罪捜査のために訪れた警察官を事務室に案内し、指定された人物の氏名とその貸出図書名を表示するパソコン画面を検索して見せるというシーンがある。[6] 捜査令状の提示などの手続きをせずに図書館が貸出記録を警察官に教えるという設定である。そのために日本図書館協会は、テレビ朝日に対して、司書が簡単に個人情報を漏らすことはありえないなどの説明をおこなった（十二月十日）。それに対してテレビ朝日は、①この番組の再放送はしない、②地方の局などに販売しない、③ＤＶＤ化するときには撮り直しをしてストーリーを変える、④局のウェブサイトで放送内容が適切でないことを明らかにする、などを約束した（十二月十四日）。翌十五日付の同局のウェブサイトで、ドラマに視聴者の誤解を招く表現があったことに対する謝罪の表明があった。[7]

2　「捜査関係事項照会書」と図書館の貸出記録

地下鉄サリン事件と貸出記録

しかし、こうした図書館利用記録（特に貸出記録）の捜査機関への流出はフィクションの世界にとどまるものではない。実際にあった事例として、地下鉄サリン事件に関連し、国立国会図書館に対して捜査機関が接近した事例を紹介する。

いまから四半世紀前の一九九五年、山梨県上九一色村のオウム真理教の関連施設への強制捜査が始まってほぼ一週間を過ぎた三月二十八日・二十九日、警視庁の捜査員二人が国立国会図書館を訪れた。同年三月二十日に発生した地下鉄サリン事件に関して、「地下鉄サリン事件捜査のため、利用記録を見せてほしい」旨の依頼をしたのである。それに対し同館は、刑事訴訟法第百九十七条第二項（公務所などに対する照会）に基づく捜査である。それに対し同館は、資料の利用記録は利用者の秘密に属することであり、憲法・国会職員法（第十九条、守秘義務）に基づき、さらには「図書館の自由に関する宣言」をふまえ、秘密の保持に努める図書館側の方針を説明し、捜査への協力は困難という見解を示した。

これに対し、捜査当局は四月六日、裁判所が発行した差押許可状（令状）をもってあらためて来館した。そうしたなか、利用申込書約五十三万人分、資料請求票約七十五万件、資料複写申込書約三十万件が、捜査当局に押収されるという事態が発生した。さらに五月二十六日には、被疑者（一人）を特定した令状を持って来館し、資料請求票五枚、資料複写申込書二枚を押収した。(8)

「捜査関係事項照会書」への国立国会図書館の対応

国立国会図書館は、この事件の際、刑事訴訟法第百九十七条第二項に基づく捜査機関の照会に対し、図書館利用者の秘密の順守の重要性を説明し、「照会書があっても利用記録は提出できない」

と回答している。国立国会図書館のこの見解は、今日も維持されている。国会の質疑で、この図書館利用記録の捜査機関への提供という問題が取り上げられたことがある。契機は、ある民間業者がポイントカードの履歴を警察庁の要請に基づいて令状なしで提供していたことの問題性が衆議院法務委員会（二〇一八年一月二十三日）で取り上げられたときである[9]。

まず、そのポイントカードに関する質疑を紹介する。質疑によると、当該の民間業者は「二〇一二年に捜査機関からの要請を受け、それまでは令状があったときだけ提供してきた個人情報を令状なしでも提供する方針に転換していた[10]」（質問者発言）という。そして質問者から「このこと自体は事実ですか」と問われた政府参考人（警察庁長官官房審議官）は、要請をおこなった当時、当該民間業者は「回答には令状が必要であるとの方針を有していた[11]」ことについては「把握」していた旨の答弁をしている。

そしてさらに「令状なしでの情報提供を一般的に要請しなければならない何か特別な理由があったんでしょうか」という質問に対し、政府参考人は「一般論として申し上げれば、警察におきましては、（略）捜査関係事項照会に対して必要な回答が得られるよう、民間事業者に対し協力を要請する場合はございます[12]」と答えている。しかし、質疑前日の「毎日新聞」二〇一九年一月二十二日付の報道によると、当該民間業者は「会員の個人情報について、裁判官が出す令状の提示があった場合にのみ、捜査機関に提供していた。任意提出を求められても拒否していた」という。それゆえ実際には、捜査機関は、当該民間業者が有していた「情報提供には令状が必要」という「方針」を撤回させたのである。質問者によると、このカードは「六千七百万人の会員数を持つ」カードだという。こうした膨大な顧客情報を含んだカード（ポイントカード）が令状なしに捜査機関に提供されることで、購買履歴、行動履歴などカード保持者のプライバシーが本人の了解なく捜査機関に流出することの懸念を質問していた[13]。

この事例と関連し、国立国会図書館は、当該委員会で貸出履歴の捜査機関への提供に関する「方針」について同じ議員から質問された。「ユーザーの利用図書履歴の捜査機関への情報提供について、国会図書館はいかなる方針を持っていらっしゃいますか[14]」と。それに対して、国立国会図書館総務部長は次のように答弁している。

国立国会図書館では、令状なしの利用履歴の提供に応じたことはございません。今後も同様でございます。これは、利用した資料名等の利用履歴は、利用者の思想信条を推知し得るものであり、その取扱いには特に配慮を要するものであります。国立国会図書館は、個人情報保護及び国会職員としての守秘義務等の観点から、裁判官が発付する令状がなければ情報の提供はいたしておりません[15]。

「令状の提示なしには利用履歴を提供しない」という答弁、すなわち「捜査関係事項照会書」の提示があっても、令状の発付前の段階では利用履歴は提供しないという答弁である。

なおこの日の質疑で、質問者は先の政府参考人に対し、図書館の利用記録について次のような質問をしている。

その上で、この宣言は生きていますので、令状がない場合には図書館は読書事実は外に出さないと宣言されていますので、警察庁に、これから先で結構ですけれども、図書館に対して令状なしで提供を求めることはやめていただきたいんですけれども、いかがですか[16]。

「この宣言」とは、前述の「図書館の自由に関する宣言」である。この質問に対し、警察庁からの当該政府参考人は「直ちに今後の取扱いにつきましてこの場で断言することは差し控えさせていただきますが、そういった御懸念があることは十分踏まえて対処いたしたいと思います[17]」と答弁している。そして質問者は「もう一度よく検討を、これからしてみてください、ぜひと思いますね[18]」と述べ、続けて先のような質問を国立国会図書館に対しおこなった。

なおこのポイントカードについては、前述のように「毎日新聞」が質疑前日の二〇一九年一月二十二日に、「個人情報捜査提供OK?」「利用者認識せず」という見出しで大きく取り上げている。記事には、識者の声として京都大学教授（情報法）の談話が載っている。捜査関係事項照会書の法的性格の説明の後、次のように述べている。

購買履歴は特定店舗ではなく、複数の店のもので、レンタル履歴は図書館の貸し出し履歴と似て、思想・信条を類推することが可能であるなど、プライバシー侵害のリスクが大きく令状を求める運用が望ましい。

レンタル履歴は、「図書館の貸し出し履歴と似て、思想・信条を類推することが可能」というコメントが印象的である。

「捜査関係事項照会書」に対する図書館の対応

そこで、あらためて本章冒頭の「北海道新聞」二〇一九年六月三日付の記事を考えてみる。この記事の見出しは、前述のように「利用者情報 半数が提供」「図書館の捜査協力増加」となっている。そして記事は、具体的にその実態について報じている。

それによると、北海道内の人口五万人以上の十五市への取材の結果、「照会書」で利用者情報の提供を依頼された際に、札幌市など八市が「提供する」、旭川市など七市が「提供しない」と、判断が二分していると報じている。北海道内十五市の判断が全体として明らかになったのは同紙の記事が初めてであり、意義深い報道だった。

それでは、この問題に関してわが国の図書館は全体としてどのように対応しているのか、日本図書館協会は、こうしたケースに関するアンケート結果を公表している。[19] 一九九五年調査と二〇一一年調査の結果である。その調査結果によると、刑事訴訟法に基づく照会書などの「文書」による照会（貸出記録などの情報提供依頼）があった際は以下のように対応している。

①一九九五年調査…提供した館は十二館：一三・二％、提供しなかった館は七十九館：八六・八％（合計九十一館）。

②二〇一一年調査…提供した館は百十三館：五八・九％、提供しなかった館は七四館：三八・五％、無回答は五館：二・六％（合計百九十二館）。

提供した館の割合は、二〇一一年では、それ以前の調査（一九九五年）に比して四五・七％も上昇している。なお、文書による照会を受けたことが「ない」図書館は、それぞれ八百八十二館、七百四十四館である。

かつて、一九九五年調査結果を報じた「北海道新聞」一九九六年十一月十四日付は、捜査機関（警察）の照会に約一〇％の図書館が協力していた状況を報じたことがある。その記事で「利用者のプライバシーを無視した安易な捜査協力が行われている実態が明らかになった」と論じた。その記事の見出しは「情報管理に図書館鈍感」（「館」と「感」の二文字が白抜き）になっていた。しかし、二〇一一年調査結果は「鈍感」がより一層感じられる結果になっている。

3　刑事訴訟法第百九十七条第二項について

「捜査関係事項照会書」とは

文書による照会を定めた刑事訴訟法百九十七条第二項は、次のように規定している。

二　捜査については、公務所又は公私の団体に照会して必要な事項の報告を求めることができる。

捜査関係事項照会書とは、この規定に基づき、捜査機関が公務所などに対し「必要事項」の報告を求める文書である。その書式は「捜査関係事項照会書」のタイトルの下、「捜査のため必要があるので、左記事項につき至急回答されたく、刑事訴訟法第百九十七条第二項によって照会します」という文面で、照会年月日、当該警察署、相手方、そして照会事項などを記している。図書館に対する照会の場合には、照会事項欄に、具体的な図書名（著者名）などを記載している場合もあり、そうした場合には、その図書の利用者名・住所・貸出月日などの回答を求めることがある。

この規定に基づく照会に関し、前述のように、国立国会図書館は今後とも「裁判官が発付する令状がなければ情報の提供」はしないという立場を堅持している。しかし、先の日本図書館協会のアンケート調査（二〇一一年）によると、利用者情報を提供する図書館が（照会を受けた館の）半数に及んでいる。改訂「宣言」が出され「図書館は利用者の秘密を守る」という原則が掲げられているにもかかわらず提供館が増加している理由はどこにあるのか。この問題を解く鍵は、この刑事訴訟法第百九十七条第二項に基づく「照会」の法的性格をどのように理解するかと深く関わっている。それは、①この照会に応じることが「義務」なのか、②また応じなかった際その義務を履行させる「強制的方法」があるのか、とも関わる問題である。

そこで本章では、捜査機関と図書館利用者のプライバシーの問題を、まずはこの「照会」に関する法的性格の問題から論じることにする。

「照会書」の法的性格――「義務」と「履行を強制できない」

これを検討するために、刑事訴訟法の解説書をひもといてみる。同法の解説書に共通した見解があるわけではないが、「照会」への回答について「義務あり」とする説が多数を占めている。古くは「公務所または公の団体は、その職務上、報告の義務を負う[20]」という解釈、さらに「相手に報告義務を生じさせる[21]」という解釈が見られる。

そして近年では、「報告を求められた公務所・団体は、原則として報告すべき義務を負う[22]」「照会を受けた公務所や公私の団体は報告義務を負う[23]」「公務所等は、捜査機関からの照会があったときは、回答する義務を負う[24]」など「義務あり」とする説が多数を占めている。

しかし、報告を拒否された場合に、その義務の履行を強制できるか否かが次の問題になる。この点に関しては、「義務の履行を強制できない」とする説が、前記解説書の共通理解でもある。平野『刑事訴訟法』は「訴訟法上は、この報告請求は任意の処分である[25]」、団藤『新刑事訴訟法綱要 七訂版』は「むろん義務の履行を強制することはできない[26]」。そして近年の『条解刑事訴訟法 新版増補版』は「義務の履行を直接的に強制する方法はない[27]」、『やさしい刑事訴訟法 第5版』は「義務の履行について直接強制・間接強制できない[28]」、高田卓爾／鈴木茂嗣編『刑事訴訟法』は「義務違反に対しては制裁はなく、回答義務は観念的義務にとどまる[29]」と解説している。

この「義務の履行を強制できない」という点に関しては、衆議院法務委員会（二〇一九年五月十五日）での法務大臣の答弁がある。[30]答弁に至る論議は、「スマホゲーム事業者が保有する顧客の位置情報について、電気事業者あるいは営む者に当たる事業者が捜査機関から捜査関係事項照会で情報提供を求められたとき」の件についてである。まず質問者は、この件に先立ち次のような質問をしている。

刑事訴訟法百九十七条二項に基づいて捜査関係事項照会というのは行われます。いわば法令に基づく照会ということになるわけですけれども、事業者が、そういった法令に基づく捜査関係事項照会を受けて、顧客の個人情報提供を判断で拒否した場合、法律上の罰則や制裁を受けるということは予定されているんでしょうか。[31]

それに対して、政府参考人(法務省刑事局長)は次のような答弁をしている。

刑事訴訟法百九十七条二項に基づく捜査関係事項照会につきましては、相手方に報告すべき義務を課すものと解されているところではございます。もっとも、今議員御指摘の、相手方が照会に応じない場合でございますが、この場合であっても、強制する方法はございませんし、また、刑罰などの制裁を受けることもないところでございます。[32]

そしてこの日の法務委員会で質問者は、さらに、先のスマホゲーム事業者の件と関わらせて捜査関係事項照会書の法的性格について法務大臣に質問している。それに対して法務大臣は次のように答弁している。

法務大臣として、所管する刑事訴訟法上の観点から申しますと、刑事訴訟法百九十七条二項に基づく捜査関係事項照会については、相手方に報告すべき義務を課すものと解されている。もっとも、相手方が照会に応じない場合であっても、強制する方法はなく、刑罰などの制裁を受けることもないということが刑事訴訟法の観点でございます。[33]

法務大臣自身が、「義務の履行を強制できない、不履行に対し刑罰による制裁が出来ない」と答弁している。

こうした学説や政府側答弁からも明らかなように、この照会という捜査手段は強制捜査ではなく任意捜査の一手段である。「強制の処分を用いない捜査が任意捜査であり、これを用いる捜査が強制捜査である」[34]が、強制捜査をする際は法的な手続きが必要だということは、刑事法学の基本的見解である。それは、「何人も、法律の定める手続によらなければ、その生命若しくは自由を奪われ、又はその他の刑罰を科せられない」という憲法第三十一条の規定に基づいている。「法の適正な手続」(due process of law)による人権の保障である。最高裁も、ある「道路交通法違反、公務執行妨害」事件についての決定のなかで、強制手段(強制捜査)とは「有形力の行使を伴う手段を意味するものではなく、個人の意思を制圧し、身体、住居、財産等に制約を加えて強制的に捜査目的を実現する行為」などで、「特別の根拠規定がなければ許容することが相当でない手段」のことを意味すると解している[35]。

「特別の根拠規定」とは特別な法の規定を要するという意味である。そのため捜査機関は、照会に基づく報告を拒否された場合でも、最高裁決定が指摘するように「制約」を加えた「強制的」な「行為」をすることは許されない。すなわち「公務所など」が、照会に対し報告を拒否した場合でも、その報告義務の履行を直接強制も間接強制も、おこなうことは認められない。その意味で、この照会に基づく捜査は任意捜査である。

そもそも（公務所などへの照会を規定した）刑訴法第百九十七条第二項に先立つ同条第一項は、捜査については、「その目的を達するため必要な取調をすることができる」としているが、ただし書きで「強制の処分は、この法律に特別の定のある場合でなければ、これをすることができない」と規定している。強制捜査は「この法律」、すなわち刑事訴訟法で特別に規定された場合に限るという規定（「法定を要する」）である。そして刑事訴訟法に規定された強制捜査の種類は、被疑者の逮捕（第百九十九条、第二百十条、第二百十三条）、被疑者の勾留（第二百七条）、差押・捜索・検証・身体検査（第二百十八条）などに限定されている[36]。そのため、照会に基づく報告請求は、こうした限定的な規定（強制捜査）には包含されない捜査、すなわち任意捜査だということになる。

任意捜査である以上、照会に応じるか否かは、個別の「公務所など」が個々の事例を勘案しながら、個々の法令、求めに応じることで生じる支障などを総合的に検討して、個別具体的・自律的に判断すると解するのが相当なのである。

4　刑事訴訟法第百九十七条第二項――プライバシー権との関連

プライバシー権とは

「照会」を求められた「公務所又は公私の団体」（公務所）が、照会に応じるか否かは、照会の内容を個々的に検討して（照会の個別性）、個々の公務所が自律的に判断することになる。それは図書館も同様であり、図書館もまた照会の個別性に基づき、個々の図書館が自律的に判断することになる。

しかし図書館は「住民の知識や情報の社会的保障装置」であるから、その判断の際に、図書館が有するこの社会的役割に伴う固有の責務をもとにした判断が求められる。その責務の一つが、図書館利用者のプライバシーの順守である。前述した「宣言」にある「図書館は利用者の秘密を守る」「読者が何を読むかはその人のプライバシーに属することであり、図書館は、利用者の読書事実を外部に漏らさない」がそれである。

プライバシー（privacy）とは、「他人の干渉を許さない、各個人の私生活上の自由[37]」のことである。その「私生活上の自由」には、自分に関するある種のことを「秘密」にしておくことを含んでいる。だから「他人の干渉を許さない」には、その「秘密」の世界に他者を「立ち入らせない」ということが含まれている。そして今日、このプライバシーは、憲法第十三条（幸福追求権）から導かれる人権の一つとして認識され、その特質は「自己の存在にかかわる情報を開示する範囲を選択できる権利[38]」と理解されている。いわゆる「自己情報コントロール権」（自己情報統制権）である。

そのプライバシーという権利の特質について、プライバシー侵害をめぐり争われた訴訟の判決で三つの要件が挙げられている。[39]①私生活上の事実（私的領域性）、②公開を望まないことがら（秘匿の必要性）、③一般の人々にまだ知られていない事柄（非公知性）、の三要件である。これらの要件は、プライバシー訴訟のリーディングケースになった『宴のあと』訴訟」（東京地裁判決、一九六四年）で、プライバシー侵害に対し法的救済が与えられるための要件としてあげられたものである。

この判決が示した基準と同様な判決に「石に泳ぐ魚」東京地裁判決（一九九九年）がある。この「石に泳ぐ魚」訴訟は、柳美里の小説「石に泳ぐ魚」（「新潮」一九九四年九月号、新潮社）で同小説のモデルとされた女性（原告）が、その内容によって名誉を毀損されてプライシーと名誉感情を侵害されたとして、被告（作者、出版社）に対して損害賠償や同小説の出版差し止めなどを求めた裁判である。それに対し、東京地裁は損害賠償と出版差し止めを認める判断を下した。その際、プライバシー侵害について次のように判示した。

原告がみだりに公開されることを欲せず、それが公開された場合に原告が精神的苦痛を受ける性質の未だ広く公開されていない私生活上の事実が記述されている場合には、本件小説の公表は原告のプライバシーを侵害するものと解すべきである。[40]

すなわちプライバシー侵害の要件を、①公開を望まず（秘匿の必要性）、②まだ公開されておらず（非公知性）、③私生活上の事実が記述されている（私的領域性）、場合としたのである。

プライバシー情報としての「貸出記録」

そこで次に、こうした判決を前提に、図書館利用記録（特に貸出記録）とプライバシー権との関連について検討を加える。

第一は「私的領域性」についてである。一般に人々が、図書閲読によって得ようとする際の目的は多様である。個人の自己実現や人格形成、学問研究、政治的・社会的な意見形成、日常生活の便益・快適さの実現、など多々考えられる。それだけに図書閲読という行為は、個々人の興味・関心のありよう、心のありよう、生活上の変化などを映し出している。読書の有する「私的領域性」である。貸出記録は、そうした「私的領域性」を映し出している。

第二は「公開を望まない」情報についてである。読み手がどの本を手に取るかは、そのときどきによって異なり、そのときの読書内容は読み手の思いの表れ、心模様の変化を体現している。だから貸出記録には、①利用者個々人の思想形成や人格形成の過程、あるいは個人の趣味、悩みなどを推測させる情報、②読書傾向、思想傾向を推測させる情報が含まれている。これらは、読み手の内心を推測させる情報である。その内心と関わる情報は、センシティブ（取り扱いに注意を要する）な情報として強い保護が求められている。そして、センシティブな情報は自身のそれについて「公開を望まない」人が多く、読書の一端を記録した貸出記録も「公開を望まない」情報の一つである。

第三は「非公知」性についてである。一般的に、表現の自由（憲法第二十一条）が保障する表現手段には限定がない。そのため、情報伝達手段の多様性に応じて、情報の入手方法も多様性を帯びているが、そのなかでも、その入手方法が個人的で非公開的な性格を有しているもの（電話、メール、手紙など）がある。こうした方法で入手した情報は、当該関係者（本人、相手方）が公開しないかぎり第三者には知りえない情報、すなわち非公知な情報である。図書閲読もまたそうした性格を有した行為であり、どんな本を読んだかに関する情報は、本人が他者に公表しないかぎりは他者が知りえない情報である。これは図書閲読という行為がもっている自己内在的性格（個人性）に起因している。だから、読書の一端を記した貸出記録も「非公知」情報なのである。

プライバシー情報の要件は、読書に関する情報がもっているこの三点の特徴によって構成されている。「私的領域」に関する情報であり、「公開を望まない」情報であり、さらに「非公知」情報である。

5　刑事訴訟法第百九十七条第二項――「守秘義務」との関連

公務員の守秘義務と「貸出記録」

貸出記録は、利用者個々人のプライバシー情報である。そのため、図書館には図書館利用者のプライバシーを順守するために貸出記録を秘匿する責務が求められている。そして、この責務は倫理的責務にとどまるものではなく、公務員法に規定された図書館（員）の法的な責務（守秘義務）である。そのため、図書館が「照会」に応じるか否かを個別具体的・自律的に判断する際も、この守秘義務の順守を前提にしている。次に、この守秘義務と本章の主題である刑事訴訟法第百九十七条第二項に基づく照会との関連について検討する。

公務員に対してはその職務の適正な執行を図るため、地方公務員法と国家公務員法で、それぞれ「職務上知り得た秘密」「職務上知ることのできた秘密」の漏洩を刑罰の担保をもって禁じている。いわゆる公務員の守秘義務規定である。次の条文である。

地方公務員法第三十四条第一項
職員は、職務上知り得た秘密を漏らしてはならない。その職を退いた後も、また、同様とする

国家公務員法第百条第一項
職員は、職務上知ることのできた秘密を漏らしてはならない。その職を退いた後といえども同様とする

この「職務上知り得た秘密」（地方公務員法の場合）とは、「職員が職務の執行に関連して知り得た秘密であって、自ら担当する職務に関する秘密は当然に含まれるが、担当外の事項であっても職務に関連して知り得た」事項も含まれると解されている。[41]そして、職員が法令による証人・鑑定人

などになって発表する際に任命権者の許可を必要とする「職務上の秘密」（地方公務員法第三十四条第二項）とは、「職員の職務上の所管に関する秘密」である。後者（「職務上の秘密」）は前者（「職務上知り得た秘密」）の一部である。

「秘密」の意義

それでは、その「秘密」とはどんな事実を指しているのか。その点に関し自治省（当時）は、ある地方議会からの照会（「地方公務員法第三十四条の秘密とは、如何なる範囲をもつものか、具体的に承りたい」）に対し、公務員課長名で次のように回答している（「昭和三十・二・十八・自丁公発第二十三号」）。

「秘密」とは、一般的に了知されていない事実であって、それを一般に了知せしめることが一定の利益の侵害になると客観的に考えられるものをいい、地方公務員法第三十四条第一項の「職務上知り得た秘密」とは、職務執行上知り得た秘密を、同条第二項の「職務上の秘密」とは、職員の職務上の所管に属する秘密をそれぞれ指すものと解される。(42)

また最高裁は、いわゆる「徴税トラの巻事件」上告審決定（一九七七年）で、国家公務員法第百条第一項にいう「秘密」について、「「秘密」とは、非公知の事項であつて、実質的にもそれを秘密として保護するに価するものと認められるものをいう」と判示している。つまり「非公知」で、「保護

する に値する」情報である。[43] この定義を、先の自治省解釈に当てはめると「一般的に了知されていない」情報で、「了知せしめることが一定の利益の侵害になる」情報ということになる。

行政解釈と最高裁判例に示されたこの二点の要件は、先に論じたプライバシー侵害の要件にほぼ合致する。「私的領域」「非公知」で「公開を望まない」という要件である。何を読んだかは各人の私事性を体現していて、一般には他者に知られることを望まず、その読書事実は本人が何らかの方法で他者に伝えないかぎりは他者が知りえない事実である。すなわち、図書館利用記録（特に貸出記録）は、「一般的に了知されていない」（「非公知」）、「了知せしめることが一定の利益の侵害になる」（「保護するに値する」）記録であり、公務員の守秘義務の対象となる「秘密」に属する情報なのである。

「個人的（私人）秘密」の順守義務

また最高裁は、ある事件（文書提出命令に対する抗告審の変更決定に対する許可抗告事件）（二〇〇五年）で、「秘密」については先の「国家公務員法違反」事件で示された「非公知」「保護に値する」の二つの要件を受け継ぎながら、「公務員の職務上の秘密」について次のように判示している。

「公務員の職務上の秘密」には、公務員の所掌事務に属する秘密だけでなく、公務員が職務を遂行する上で知ることができた私人の秘密であって、それが本案事件において公にされることにより、私人との信頼関係が損なわれ、公務の公正かつ円滑な運営に支障を来すこととなるものも含まれると解すべきである。[44]

「職務上知り得た秘密」には「個人的（私人）秘密」を含むという解釈である。こうした解釈は学説上でも展開されている。「職務上知り得た秘密は、（略）公務員がひろくその担当する職務を行なううえで知ることができた行政客体側の個人的秘密をも含む[45]」、「「職務上知ることのできた秘密」というのは、公務員の職務上の秘密のみではなく、公務員がその担当（所管）する職務を行なう上で知ることのできた個人的秘密をも含む[46]」という解釈はそうした一例である。

図書館（員）は、自ら担当する「職務を行う」（図書の貸出など）過程で、図書館利用者の貸出記録を知る立場にある。すなわち貸出記録は、図書館（員）が「職務上知り得た個人的（私人）秘密」である。その記録は「一般的に了知されていない」情報であり、個々人の内心や思想形成と深く関わる情報であるため「了知せしめることが一定の利益の侵害になる」情報である。そのため図書館（員）には、公務員法上、図書館利用者の貸出記録（個人的秘密）を外部に漏らさないことが法的義務として課せられている。

公務員は、その職務の執行過程で「行政上の秘密」だけではなく、「個人的（私人）秘密」を扱うことになる。その「個人的（私人）秘密」の多くは、住民（国民）が一定の行政サービスを受けることを前提に行政機関に提供した情報である。戸籍、婚姻関係、所得、財産、社会福祉など多様な情報がある。図書館利用情報（氏名、書名など）もこうした情報の一つである。そのため、行政機関（図書館など）と住民（国民）との間には、こうした情報（「個人的秘密」）が、情報保持者の知らないまま、外部に流出したり提供目的以外に利用されないという信頼関係が構築されることが大切である。

こうした信頼関係の構築は、行政の円滑な運営にも不可欠な要件である。先の最高裁決定（二〇〇五年）も、「公務員が職務を遂行する上で知ることができた私人の秘密」が「公にされることにより、私人との信頼関係が損なわれ、公務の公正かつ円滑な運営に支障を来す」と述べている。それだけに、個人的秘密に関する公務員法の守秘義務が履行されることは、行政に対する信頼にとって重要な前提になっている。そもそも行政に対する信頼は、住民個々人からの信頼を基礎に成り立っている。またその信頼の基礎には、プライバシーの尊重に体現される住民の基本的人権の尊重という行政側の基本的姿勢が横たわっている。住民の基本的人権を守れない（守らない）公務員（自治体）が、「行政の信頼」を得ることが困難なのは当然のことである。

行政機関個人情報保護法との関連

なお、刑事訴訟法第百九十七条第二項（照会）と関連し、行政機関個人情報保護法について指摘しておく。この法律は「行政機関において個人情報の利用が拡大していることに鑑み、（略）個人の権利利益を保護することを目的」（同法第一条）に、二〇〇三年に制定された個人情報保護法関連五法の一つである。その第八条第一項は、次のように規定している。

行政機関の長は、法令に基づく場合を除き、利用目的以外の目的のために保有個人情報を自ら利用し、又は提供してはならない。

すなわち、行政機関の長には「利用目的以外の目的のため」の保有個人情報の利用・提供を禁止している。例外措置として、「法令に基づく場合」はその原則禁止から除外し、利用・提供を容認している。そして総務省は、「行政機関・独立行政法人等における個人情報の保護」(「個人情報の適正な取扱い」)という文書で、「法令に基づく場合」(除外規定)に該当する法令の具体的事例に、刑事訴訟法第百九十七条第二項を挙げている。[47]しかし同「取扱い」は同時に、「他の法令に基づく場合は、利用目的以外の利用・提供をし得るとするものであり、本項により利用・提供が義務付けられるものではありません。実際に利用・提供することの適否については、それぞれの法令の趣旨に沿って適切に判断される必要があります」とも記している。つまり、「提供が義務付けられていない」場合の提供の適否についてはそれぞれ「適切に判断」すべき、ということである。

ただしこの「行政機関」には、地方公共団体は含まれていない(同法第二条)。地方公共団体については、各地方公共団体が定める条例で個人情報の取り扱いに関する事項が定められている。そのため「地方公共団体の設置する図書館」(図書館法第二条第二項、公立図書館)には、この法律は適用されない。また国立国会図書館は、国会法第百三十条(「議員の調査研究に資するため、別に定める法律により、国会に国立国会図書館を置く」)に基づいて設置された図書館であり、三権分立の観点から行政法規である同法を適用されない。すなわち、国立国会図書館も同法にいう「行政機関」には含まれていない。

6　個人情報保護条例と「貸出記録」――各自治体の対応事例

個人情報保護条例と「照会」

そのため、個々の公立図書館に刑事訴訟法第百九十七条第二項に基づく照会があった場合、図書館はどう対応するかが問われるが、その対応は各図書館で一様ではない。

後述するが、「南日本新聞」は、鹿児島県の図書館四館が県警に対して図書館利用者の利用情報を提供した問題を一面トップで報じたことがある（二〇一九年八月十七日付）。その記事に、図書館に対しておこなったアンケート結果が載っている。「今後捜査機関からの照会があった場合に利用者情報を提供するか否か」の「判断基準」に関する質問結果である。それによると、①「図書館の自由に関する宣言」（日本図書館協会）が十八自治体・図書館、②「個人情報保護条例」が六自治体・図書館、③「基準作成を検討予定」が二市、であった。

「図書館の自由に関する宣言」は、前述のように図書館が「確認し実践する」事項の三番目に「図書館は利用者の秘密を守る」を明記し、その具体的内容も規定している。図書館利用記録は「プライバシーに属することである」という基本的認識に基づくこの規定は、捜査機関から照会があった場合の図書館（員）の「判断基準」になっているという認識が、このアンケート結果にも反映されている。

しかし、「図書館の自由に関する宣言」は、図書館員の職業規範であり法的拘束力を有したものではない。同宣言の解説によると、この宣言は「図書館がその利用者に対してする約束」であり、「国民すべてに対して図書館の立場とその決意を表明している[48]」ものであると記している。

この「宣言」は、前述のように一九七九年に改訂宣言として出されている。しかしその後、九〇年の神奈川県個人情報保護条例の制定を皮切りに、個人情報保護条例の制定が相次ぐなか、照会を受けた自治体のなかには、回答の是非の判断をする際の「法的根拠」を、各自治体が制定した個人情報保護条例とする場合があり、先のアンケート結果にもそのことが表れている。また本章冒頭に紹介した「北海道新聞」によると、捜査機関からの「照会」に図書館利用情報を「提供する」と回答した北海道内の八市は、いずれも「個人情報保護条例に基づき、指定管理者の運営する場合も含め市教委が判断」することになっている。

この個人情報保護条例は、個人情報の適正な取り扱いを定めるとともに、個人情報の開示・訂正・利用停止などの権利を保障することで、個人の権利・利益の保護と市政の適正な運営に資することを目的に制定された条例である。条例の制定率は、都道府県では二〇〇三年度以降、市区町村では〇六年度以降、それぞれ一〇〇%になっている[49]。そこで次に、この個人情報保護条例と刑事訴訟法第百九十七条第二項に基づく図書館への照会（捜査関係事項照会書）との関連について論じる。

札幌市個人情報保護条例との関連

「札幌市立図書館個人情報保護に関する方針（プライバシーポリシー）」

例えば、私が居住する札幌市の場合である。札幌市は、図書館利用に関する個人情報の取り扱いの基本的考えを「札幌市立図書館個人情報保護に関する方針（プライバシーポリシー）」[50]（以下、「方針」と略記）で示している。その「方針」によると、図書館が収集する個人情報は、「業務」（手続きなど）の種別ごとに異なっている。例えば、①「利用・登録手続き」の際は、氏名・住所・電話番号など、②「資料の貸し出し手続き」の際は、資料名・貸出カード番号を、それぞれ収集することになっている。

そしてこの「方針」にいう個人情報とは、札幌市個人情報保護条例第二条第一項に定義する個人に関する情報であって、具体的には「氏名、住所、生年月日、電話番号、メールアドレスなど、特定の個人を識別できる情報」を指している。そして「方針」は、さらに個人情報の管理について「札幌市個人情報保護条例第八条の規定に基づき、利用目的の範囲を越えて、個人情報を外部に提供することは原則として行いません」と規定している。

札幌市個人情報保護条例第八条は次のように規定している。

実施機関は、個人情報（略）を取り扱う事務の目的の範囲を超えて、個人情報を当該実施機関内において利用し、又は当該実施機関以外のものに提供してはならない。

すなわち、個人情報の外部（当該実施機関以外）への提供の禁止である。そのため、先の図書館に関する「方針」も、この条項に基づき「利用・登録手続き」や「資料の貸し出し手続き」の際に入手した利用記録（個人情報）は外部へ提供しないことになる。

しかし同条（第八条）には、「次の各号のいずれかに該当するときは、この限りでない」という「ただし書」があり、その第一号に「法令等に定めがあるとき」という規定がある。すなわち「法令等に定め」がある場合は、個人情報の外部への提供を容認している。利用提供の原則禁止からの除外である。そのため、この「法令等に定め」という文言をどう解釈するかが、捜査機関への「貸出記録」などの提供を検討する際の重要なポイントになっている。

「法令等の定め」と刑訴法第百九十七条第二項

その札幌市個人情報保護条例を解説した文書に「個人情報保護ハンドブック」がある。その「ハンドブック」によると、その「法令等に定め」とは、「法令等の規定により、回答が義務付けられている場合をいう」と解釈し、さらに次のように続けている。

一方、刑事訴訟法第一九七条第二項（捜査と必要な取調べ）等のように回答を義務付けておらず、個人情報を提供する側に裁量の余地があるものについては、慎重に判断して個別に対応する必要があるため、本号には該当しない。(51)

刑事訴訟法第百九十七条第二項の「照会」には、回答が義務づけられておらず「法令等の定め」には該当しない、という解釈である。こうした解釈に基づくと、貸出記録などの図書館利用記録の捜査機関への提供はおこなわなくてもいいことになる。

同様の解釈（取り扱い）をしている自治体は、北海道内に他にもある。例えば釧路市である。釧路市は道東最大の人口を擁する政治・経済の中心都市である。その釧路市個人情報保護条例も「法令等に定めがあるとき」は、個人情報の外部提供を容認している（第九条第一項二号）。しかし同条例の解釈・運用を定めた「釧路市個人情報保護条例の解釈と運用の手引」によると、「法令等に定め」があるが同号（外部への提供容認）に該当しない例として「刑事訴訟法第百九十七条第二項（捜査に必要な事項の検察官、検察事務官、司法警察職員への報告）」を挙げている。そしてこの事例は、「提供しなければならない義務があるとまではいえない(52)」からだと解釈している。

さらに本章のテーマの発端である苫小牧市も、同市の個人情報保護条例に「法令等に基づくとき」は、個人情報の外部提供を容認している（第九条第一項二号）。しかし同条例を解説した「個人情報保護制度の手引」によると、「法令等に基づくとき」とは「法令等により、通知、送付、交付等が義務付けられている場合をいう」との見解を示し、外部提供の容認に該当しない例として「刑事訴訟法第一九七条（捜査に必要な事項の検察官、検察事務官、司法警察職員への報告）」を例示している。この事例は「提供しなければならない義務があるとまではいえない(53)」からだという。

これら北海道内の三市（札幌市、釧路市、苫小牧市）はいずれも、「照会」への回答は義務ではないため「法令等の定め」には該当しないと解釈している。しかし、いずれの自治体もその例外を規定している。例えば札幌市は、「照会」への回答は「本号に該当しない」という解釈に続き、個人情報を「目的外に利用又は提供する必要があると判断したとき」は「審議会の意見を聴く必要がある」と規定し（同条七号）、その意見を聞いて「公益上必要があると認めるとき」は、個人情報の目的外利用・提供を容認している。また釧路市は、利用・提供の可否の判断が生じたときは「別途判断すべきもの」と解説している。さらに苫小牧市も同様に、「提供」は「義務があるとまではいえない」という解釈に続き、「利用・提供の可否は第五号の規定により判断すべきものである」としている。第五号の規定とは、「審査会の意見を聴いて、適正な行政執行のため又は公益上必要があると実施機関が認めるとき」である。

いずれの市も「照会」への回答は義務づけられていないので、「捜査関係事項照会書」の提示が直ちに図書館利用記録の捜査機関への提供にはならないという解釈である。図書館利用記録は「提供しない」が大原則で、「提供するか否か」の事態が生じたときは、「審議会の意見を聴く」（札幌市）、「別途判断する」（釧路市）、「審査会の意見を聴く」（苫小牧市）となっている。

このような各市の「慎重な対応」は、札幌市個人情報保護条例の基本的スタンスにも現れている。同条例は第八条に、次のような対応を規定している。

①個人情報を外部に提供するときは、「本人及び第三者の権利利益を不当に侵害することのないようにしなければならない」（第二項）。

②その場合にも「必要があると認めるときは、提供を受けるものに対し、提供に係る個人情報の使用目的若しくは使用方法の制限その他の必要な制限を付し、又はその適切な取扱いについて必要な措置を講ずることを求めなければならない」（第三項）。

北海道個人情報保護条例との関連

次に、北海道個人情報保護条例についてである。同条例も第八条で、個人情報の利用提供について次のように規定している。

実施機関は、個人情報取扱事務の目的以外に個人情報（略）を当該実施機関内において利用し、又は当該実施機関以外のものへ提供してはならない。

そして同条は、他の自治体と同様に「ただし書」で、「法令等の規定に基づくとき」（第一号）は、この提供制限条項の適用外とすることを規定している。しかし、同条例を解釈した「個人情報保護事務の手引」によると、「（法令等）の規定に基づくとき」に関して次のように解説している。

「（法令等）の規定に基づくとき」には、法令等により実施機関に対し当該実施機関以外のものへの個人情報の目的外の利用又は提供を義務付けている場合のほか、法令等により実施機関に対し当該実施機関以外のものへの個人情報の目的外の利用又は提供をすることができると解される場合も含まれる。(54)

いわゆる「義務規定」と「できる規定」について説明している。そして「できる規定」に該当する事例として「犯罪捜査のための必要事項の照会に対して回答する場合（刑事訴訟法第一九七条第二項）」を例示している。さらに、その「できる規定」の適用に際しては、次のような慎重な判断を求めている。

当該法令等の趣旨及び目的からみて、実施機関から当該個人情報の適用を受けなければその目的を達成することが困難な場合であって、かつ提供する個人情報の内容、当該利用目的その他の事情からみて本人の権利利益を不当に侵害するおそれがないか否かを個別に検討し、慎重に判断することが必要である。(55)

刑事訴訟法第百九十七条第二項に基づく回答は「義務規定」の範疇には属さず、実施機関の裁量による「できる規定」に属する、ということである。そして、その場合でも、「権利利益」の侵害の有無を個別に検討するなど「慎重に判断することが必要だ」と記している。

「照会」に対する回答は「義務」ではないという解釈

北海道各市の個人情報保護条例の「解釈・運用」を定めた文書には、刑事訴訟法第百九十七条第二項に基づく回答を当該実施機関に「義務付けていない」という解釈が見られる。

こうした解釈は、前述した刑事法学での見解と大きく異なる。前述のように、刑事法学の有力的な見解は照会への回答は「義務である」という立場であり、また法務当局の見解も、衆議院での法務大臣の答弁で紹介したとおり「義務あり」という見解である。その点は本章の第3節で紹介したとおりである。

こうした「法解釈」の相違がなぜ生じるのか。その理由として、自治体側は直接住民の情報を取り扱う立場にあるため、個人情報の外部流出に対してより「慎重な」判断をしていることがあると思われる。このことを本章のテーマである図書館利用記録に当てはめて検討するなら、①捜査機関が、図書館に貸出履歴などの情報の提供を求める十分な理由があるか（必然性）、②照会への回答には、個人の生命や財産などを保護する明白な緊急性が認められるか（緊急性）、③照会が任意捜査であることに鑑み、こうした手法による捜査が妥当なのか（妥当性）、などのことを「慎重に判断」し、提供の是非を判断しているように思われる。換言すれば、回答することが「義務」事項であるのか、それとも自治体の裁量による「できる」事項であるかを慎重に区分けしながら、住民の「権利利益」への不当な侵害を抑止しようと配慮しているように思われる。

照会への回答を義務と捉えない自治体は、北海道の自治体だけではなく他県にも多く見られる。次に、ネット上で閲覧できる各県の事例のいくつかを紹介する。

例えば、三重県個人情報保護条例についてである。同条例では、他の自治体と同様に個人情報の目的外利用を禁じているが（第八条）、「法令等の規定に基づくとき」（同条第一項二号）は、その禁止の適用除外（外部提供容認）になることを規定している。そして、同条例の解釈・運用を定めた「三重県個人情報保護条例の解釈及び運用」では、その「法令等の規定」について次のように解説している。

「法令等の規定に基づく」とは、法令等の規定により個人情報の目的外の利用又は提供が義務付けられている場合をいい、法令等の規定に基づく場合でも、「照会することができる」、「報告を求めることができる」など強制力を持たず、提供する側に裁量の余地があるものについては、事例ごとに、公益性及び実施機関から提供を受けなければその目的を達成することが困難な場合であって、かつ提供する個人情報の内容、利用目的その他の事情からみて個人の権利利益を不当に侵害するおそれがないかどうか等を慎重に判断して対応する必要がある。(56)

「照会」「報告」など強制力がなく、提供する側に「裁量の余地がある」場合には、「慎重な判断」が必要である、という解説である。そしてその「裁量の余地がある」ケースとして、「犯罪捜査のための必要事項の照会（刑事訴訟法第一九七条第二項）」が例示されている。捜査機関による照会に対する回答は「義務付け」られていない、という解釈である。

次に新潟県である。同県の個人情報保護条例でも、個人情報の目的外への提供を禁じている（第十条）が、同時に「法令等の規定」に基づく場合の適用除外（外部提供容認）も規定している（同条第一項一号）。その「法令等の規定」について、同県の「個人情報保護条例解釈運用基準」では次のように解釈している。

「法令等の規定に基づくとき」には、法令等の規定により個人情報取扱事務の目的以外の目的のために個人情報を利用し、又は提供することを実施機関に対し義務付けている場合のほか、実施機関に裁量があり、個人情報取扱事務の目的以外の目的のために個人情報を利用し、又は提供できる根拠となると解される場合も含まれる。(57)

三重県と同様、「義務規定」「できる規定」の解釈が示されている。そしてその「解釈運用基準」では、「刑事訴訟法第百九十七条第二項（犯罪捜査のための必要事項の照会に応じて回答する場合）」は、個人情報を「利用し、又は提供できる根拠となると解される場合」に位置づけられ、「義務付けている場合」とは別個の扱いとしている。

さらに、千葉県では、千葉県個人情報保護条例でも個人情報の「目的以外の目的のため」に個人情報を外部に提供することを禁じている（第十条）が、「法令等に基づく」ときは適用除外を規定（同条一号）している。その「法令等」に関し、同条例を解釈した「千葉県個人情報保護条例解釈運用基準」では、「法令等に基づいて」とは「当該法令等により通知、送付等が義務付けられている場合に限る」とし、さらに「法令等の規定がある場合でも、それが単に利用又は提供ができる根拠を与える規定であり、利用又は提供そのものは任意的である場合には、これを含まない」と解釈している。そして、本号（「法令等に基づいて」）に該当する事例に、刑事訴訟法第百九十七条第二項は含まれていない。(58)

他方、回答は「義務」だと解釈する自治体もある。香川県は、「香川県個人情報保護条例解釈基準」で、刑事訴訟法第百九十七条第二項に基づく場合は、「相手方に回答すべき義務を課すものと解されている」とし、「義務規定」に該当するという解釈を示している。[59] また熊本県は、「熊本県個人情報保護条例解釈運用基準」で、「法令等の規定により個人情報を利用し、又は提供することを原則義務付けていると解されている場合」に「刑事訴訟法第一九七条第二項：検察官、検察事務官又は司法警察職員からの犯罪捜査のための必要事項の照会に応じて回答する場合」を例示している。ただし、「個人の権利利益を不当に侵害するおそれがあると認められる場合等はこの限りではない」[60] という注釈がある。

7 「貸出記録」と照会

個人情報保護条例と「照会」との関連

図書館法は、「公立図書館の設置に関する事項は、当該図書館を設置する地方公共団体の条例で定めなければならない」（同法第十条）と規定している。そのため、図書館利用記録などの「個人情報」の取り扱いについては、個人情報保護法は適用されず、各自治体が制定する個人情報保護条例が適用される。そのため、捜査に関する「貸出記録」の捜査機関への提供の是非に関しても、各自治体の個人情報保護条例との関連で検討する必要がある。

しかし、多くの個人情報保護条例は、前述のように「法令等の規定」に基づく場合でもその取り扱いについて、①本人や第三者の権利利益を不当に侵害することがないこと、②提供などを求めている相手側の必要性（当該情報を必要とする理由、実施機関から提供を受けなければ当該目的を達成することが困難かなど）を確認すること、などのように慎重な対応を求めている。

こうした「慎重な対応」が求められることを念頭に置いて、図書館利用記録への捜査機関の接近（刑事訴訟法第百九十七条第二項に基づく貸出記録の提供）を検討するなら、何よりも利用記録は図書館利用者のプライバシー情報であることを基本に照会と向き合うことが、図書館には求められる。前述のように、図書館が保有している利用者の氏名や住所、利用事実や読書事実、さらにはレファレンス記録、複写記録、予約などの図書館利用情報は、利用者個々人の思想形成や人格形成の過程、あるいは個人の趣味、悩みを推測させるなど個人の内心と深く関わる情報（プライバシー情報）であり、強い保護が求められているセンシティブな情報である。そのため、照会に基づく利用者情報の提供の妥当性を判断する場合には、照会に対する回答がこのような利用者のプライシバシーを侵害する恐れがないかを十分に検討する必要がある。

早稲田大学名簿提出事件

そのプライバシー情報の提供の是非に関して、注目すべき最高裁判決がある。それは早稲田大学名簿提出事件である。この事件の概要は次のとおりである。

早稲田大学は、江沢民・中華人民共和国主席の講演会（一九九八年十一月二十八日開催）への参加申込者の氏名などを記載した名簿の写しを、警視庁から警備のため提出するよう要請され、学生らの同意を得ずに提出した。この名簿提出に対し、同講演会への参加申し込みをした学生らが、大学が名簿の写しを無断で警視庁に提出したことはプライバシーの侵害だとして、大学に対して損害賠償を求めた。捜査機関に対する名簿提出とプライバシー侵害が争われた事案である。

それに対して、最高裁は次のような判決を下した（概略）[61]。

①大学が、学生から参加者を募る際に収集した参加申込者の学籍番号、氏名、住所や電話番号などの個人情報は、参加申込者のプライバシーに関わる情報として法的保護の対象になる。

②大学が、これらの個人情報を参加申込者に無断で警察に開示した行為は、大学が開示についてあらかじめ参加申込者の承諾を求めることが困難だった特別の事情がうかがわれないという事実関係のもとでは、参加申込者のプライバシーを侵害するものとして不法行為を構成する。

この事件は、捜査機関が刑事訴訟法第百九十七条第二項に基づく「照会」をした事案ではなく、（私学としての）早稲田大学は、公務員法にいう守秘義務を課せられた主体ではない。しかし、①「参加申込者の学籍番号、氏名、住所や電話番号に係る情報」はプライバシーに関わる情報として法的保護の対象になる、②それらの情報を学生に「無断で警察に開示した行為は、参加申込者のプライバシーを侵害する」という最高裁判決は、図書館利用情報の捜査機関への提供を考察する際にも参考になる。

あらためて「守秘義務」について

そして、図書館（員）は、地方公務員法で住民の秘密を秘匿する責務を有している。それだけに、あらためて図書館（員）に課せられた「職務上知り得た秘密」の順守義務（地方公務員法第三十四条）を確認することが必要である。この「秘密」には、図書館利用者の利用記録が含まれている。そのため、「法令等の規定」に基づき利用者情報を提供する（「照会」に応じる）か否かを判断する際も、当然この守秘義務との整合性が求められる。

そして、刑事訴訟法第百九十七条第二項に基づく捜査（「照会」）手法は、前述のように任意捜査である。任意捜査は、相手に強制を加える強制処分を避けて、任意処分すべきだという原則（任意捜査の原則）に基づいている。そして前述のように、強制捜査は刑事訴訟法に特別に規定された場合に限るのであり、刑事訴訟法第百九十七条第二項に基づく「照会」は、強制捜査に含まれていない。そのため、図書館（員）は、照会の内容を個々的に判断して、照会に応じるか否かを判断することになるが、後述する「やむなく照会に応ずる」ケースを除いて、図書館（員）が守秘義務に反して利用者のプライバシーを侵害する情報（図書館利用情報）を捜査機関に提供することは容認されない。

こうした自治体（図書館）の対応によって捜査機関が利用記録の入手ができず（図書館が提供を拒否）、捜査の目的を達することが困難と判断したときは、捜査機関は憲法第三十五条に基づいて裁判所に令状の発布を求めることになる。前述した地下鉄サリン事件の際、警視庁は国立国会図書館への捜査（照会）が不可能になり、令状を携行しての捜査に至った経緯は、そうしたことを示している。

国立国会図書館には「国立国会図書館の保有する個人情報の保護に関する規則」（二〇一七年）があり、その第八条には「利用及び提供の制限」が規定され、「法令に基づく」場合の提供制限の解除についても、各地の自治体が制定した個人情報保護条例と同様に規定している。そうした規則のうえに、同館は前述のように、「利用した資料名等の利用履歴は、利用者の思想信条を推知し得るものであり、（略）国立国会図書館は、個人情報保護及び国会職員としての守秘義務等の観点から、裁判官が発付する令状がなければ情報の提供はいたしておりません」という考えを国会（衆議院法務委員会）で表明している。

「人の生命」――提供に応じる例外的事例

「照会」に対し、図書館は「照会の個別性」に基づいて自律的に判断することになるが、「照会」への回答を容認せざるをえない場合もある。やむなく照会に応じるケースとして、日本図書館協会は、三項目を例示している。捜査機関が①令状を得る余裕がなく、②他に代替方法がなく、③人の生命や財産などの危険が明白に認められる場合、である。[62] そして、どの事案がこれら三項目に該当するかは、個別に判断することになる。

冒頭の「北海道新聞」によると、「照会」に応じた自治体として札幌市を例示している。そして同記事によると、札幌市は「特定の個人に絞り、緊急性があると判断した場合に答える」と取材に応じている。その「緊急性」の内容は同記事からはうかがい知ることはできない。しかし、その場で対応せざるをえないような「余裕がなく」「個人の生命、身体を守るため」などの緊急性に迫られていた場合には、照会に応じることも容認される。

個人情報保護条例にも、目的外利用への提供が容認される事例として、先の「法令等の定め」の他に例外的規定がある。「個人の生命、身体又は財産の安全を守るため、緊急かつやむを得ないと認められるとき」（札幌市個人情報保護条例第八条第一項四号、北海道個人情報保護条例第八条第一項三号）など、「生命、身体又は財産」の保護などを理由とする事例がそれである。

図書館利用記録が「個人の生命などを守るために緊急かつやむを得ない」場合に役立つのはどんな事例なのかは、容易には想定しがたい。例えば、何らかの事故（交通事故など）や事件に遭遇した人の身分を確認できる唯一のものが図書館の利用カードだった場合に、その家族などに連絡するために、図書館に問い合わせてその人の住所や電話番号を知ることなどだろうか。しかしこのケースは、その個人の「生命、身体を守るため」にその連絡先を知るための問い合わせであり、それは捜査関係事項照会書に基づく犯罪捜査のケースとは別個のケースだと思われる。

8　令状捜査について

「捜索差押令状」に基づく捜査——憲法第三十五条（令状）との関連

刑事訴訟法第百九十七条第二項に基づく照会によって捜査機関が図書館利用記録を入手できず、かつ当該記録が犯罪捜査に欠かせない場合には、捜査機関は次に憲法第三十五条（住居の不可侵、捜索・押収の要件）に基づく「令状」を携行しての捜査へと捜査手法を転換することになる。

図書館に対する「令状捜査」の最初のケースは、一九八六年、東京都江東区深川で起きた幼児誘拐殺人事件である。同事件の犯人として現行犯逮捕された者は、国立国会図書館の常連的な利用者だったため、警察署から同館に対し「状況証拠として利用記録を調べたい」と言ってきた。しかし同館は、プライバシー保護の観点から「裁判所の「令状」がなければ見せられない」と断った。そのため警察は、墨田簡易裁判所の令状を用意して来館し、入館証・図書請求票・複写申込書を調査した。その結果、入館証百六十三点、図書請求票百五十三点が押収された。[63] そして、前述の地下鉄サリン事件（一九九五年）に関連し、国立国会図書館に対しておこなわれた利用申込書、資料請求票、資料複写申込書の押収は、令状に基づく図書館に対する捜査の最も大規模なものであった。

こうした令状捜査があった場合、図書館はどう対応すべきなのか。そうした対応については、前述した「図書館の自由に関する宣言」（一九七九年改訂）ですでに明らかにされてきた。すなわち「宣言」は、「読者が何を読むかはその人のプライバシーに属することであり、図書館は、利用者の読書事実を外部に漏らさない」という原則を掲げながらも、「憲法第三十五条にもとづく令状を確認した場合は例外とする」と規定している。つまり、令状捜査に対しては、図書館が保有する個人の利用記録などを捜査機関に提供することを容認している。

令状捜査と図書館の対応

令状主義を定めた憲法第三十五条は、「何人も、その住居、書類及び所持品について、侵入、捜索及び押収を受けることのない権利」を保障するとともに、この権利が制限される例外は、「正当な理由」に基づいて権限を有する司法官憲が発した「捜索する場所及び押収する物を明示する令状」がある場合だけだと規定している。この条文は、人身の自由を定めた人権群のなかに位置する条項で、刑事手続き（適正手続き）に関する諸条項の重要な一部を成している。そして、この「令状主義」の原則は、令状を求めることによって、①裁判官の司法的抑制機能によって捜査機関の恣意的な権力行使を排するとともに、②被捜索・押収者の防御権を保障（人権の保障）しよう、という精神に基づくものである。

そして、図書館利用記録の押収は、図書館利用者のプライバシー権という、人権と関わった事項に対する押収である。すなわち図書館利用記録の押収は、被押収者は図書館だが、押収物件（図書館利用記録など）は、図書館利用者のコントロール下にあるプライバシー情報である。そして図書館利用記録は、利用者の思想・信条を推測させる情報であり、個人のプライバシーと深く関わる情報である。それだけに、図書館に対する捜索・押収に対しても、図書館利用記録が有する人権性について捜査機関に十分に説明し、捜索・押収を受けることが求められる。

「図書館記録の秘密性に関する方針」（アメリカ図書館協会評議会、一九七一年）

捜査機関による図書館へのこうした接近にどう対応するかについては、アメリカでも論議が重ねられてきた課題である。その経緯は、わが国でも翻訳・刊行された『図書館の原則』に詳細に解説されている。(64)

それによると、一九七〇年の春、アメリカ財務省の調査員が、ある公立図書館を訪れ、爆発物関係の図書や資料の貸出記録を調査したいと求めた。当初、図書館はこの要求を拒否したが、検察局の意見（貸出記録は公的記録であり、調査員にアクセスを認めるべきであるという意見）を携えて再度来館したため、図書館は調査員の要求に従っている。この事件を機に、アメリカ図書館協会理事会は、次のような緊急勧告声明を発表した。

連邦政府は、図書館の貸出記録を［容疑者リスト］にしようと試みている（略）。［この動きが］今後も許されるなら、アメリカの図書館の教育的、社会的な価値は、回復不能な損害を受けるであろう。[65]

そうしたなか、図書館利用者のプライバシーを守るために、アメリカ図書館協会評議会で採択された基本方針が、「図書館記録の秘密性に関する方針」（一九七一年）である。そこには、およそ次のようなことをアメリカの各図書館の責任ある幹部に対して強く勧告している。
①貸出記録はその性質上秘密であると明確に認める方針を、正式に採択する。
②その記録は、州、連邦、地方政府を問わず、いかなる機関にも提供してはならない。
③例外は民事、刑事、行政上の開示手続きや立法調査権に関する連邦や州、あるいは地方の法律によって承認され、それに基づいている令状、命令、召喚状による場合である。

この『図書館の原則』の第九版が、わが国でも（改訂四版として）二〇一六年に発行された。[66]この版は、第八版までとは大きく内容を異にしている。「訳者あとがき」によると、その改訂の意図は「日常業務や危機に際して活用されるマニュアル」「利用しやすいマニュアル[67]」になっていることだという。それは、プライバシー問題の取り扱いにも顕著に表れている。この書の中心をなす第二部（「知的自由の問題と最善の実践」）は九章で構成しているが、第七章が「プライヴァシーと秘密性」、第八章が「法執行機関からの訪問と要請」である。

この第八章には、きわめて詳細に図書館記録に対する「防御」の方針が示されている。[68] 例えば、「問題の概観」（八・一）では、「図書館は利用者の個人識別情報を法執行機関と共有すべきではない。例外は、利用者本人の許可がある場合、あるいは司法手続き（召喚状、捜索令状、その他の裁判所命令）に対応するときである」という大原則を提示している。そして「いっそう深い理解」（八・三）では、法執行官（Law Enforcement）への対応を解説している。「enforcement」とは「（法律などの）施行、実施」[69] という意味で、同辞典には「law enforcement」と、単語の使用例が載っていて「法律の施行」と解説されている。そのため、法執行官（捜査機関）の「enforcement」のありようを理解する必要がある。

「マニュアル」には、その法執行官への対応について、①法執行官が、図書館記録、あるいは図書館利用者や図書館職員に関する情報を要請した場合の対処法、②法執行官が図書館記録などの情報を要請したとき、図書館長などが館内不在の場合の対処法、などを示している。

また、法執行官が召喚状や裁判所命令を提示しない場合は、「図書館のプライヴァシー方針を説明し、図書館記録、あるいは図書館利用者や図書館職員についての情報は、形式の整った正当な裁判所命令を図書館に提示しなければ、法執行機関に提供できないと知らせる」となっている。そして、法執行官が捜索令状を提出する場合は「直ちに図書館の法律顧問に、助言と助力を求める」

「捜索が始まる前に、図書館の法律顧問に立ち会わせるように求める。この措置は、法律顧問に令状を検分する機会を提供し、捜索が令状の枠内におさまるのを確実にするためである[70]」、などと説明している。

これらの「マニュアル」は、わが国でも、図書館に対する令状捜査を検討する際に非常に役立つものである。

9 「北海道新聞」「苫小牧民報」のその後

「苫小牧民報」その後

本章の冒頭で「苫小牧民報」の報道を紹介した。苫小牧市立中央図書館が、捜査関係事項照会書を受け、「特定人物の図書の貸し出しや予約状況」に関する情報を捜査機関に提供したという記事である。そして、①図書館に対して情報提供を指示した苫小牧市教育委員会は「違法性なし」と説明、②「任意協力の提供に疑問視も」の声もある、ことを同記事で紹介している。「苫小牧民報」は、この情報提供の「その後」を追っている。次に、この件について紹介する。

①同市在住の市民が市議会に陳情。陳情は市の審査会でこの件を検証し、その結果を公表するよう求める内容。市議会文教経済委員会で審査されたものの、市側の対応は「問題はなかった」とされ、陳情は反対多数で不採択（十二月十四日）（二〇一八年十二月二十日付）。

付)。

②市内の複数の市民団体が連名で、「図書館が警察に個人情報を提供する際、裁判官の令状の確認を徹底するよう求める要望書」を市教育委員会に提出(十二月二十七日)(二〇一八年十二月二十八日付)。

③苫小牧市図書館協議会で、この問題が議題にあがり、市教委から情報提供の経緯について出席委員に説明(二月十二日)。委員間で意見交換。委員から「どんな内容なら提供してもいいのかを決めるべき」と、今後の対応に向けて課題解決を求める。市教委は個人情報照会への対応について「こういった場合の規則は無い。今後に向けてルール作りに着手し、素案を協議会に提出したい」と話す(二〇一九年二月十四日付)。

④市内の市民四団体が、「図書館利用者の人権保護についての再要望書」を連名で市教委員会へ提出(三月十八日)。市教委は要望書について「今月中に回答を示したい」と話す(二〇一九年三月二十二日付)。

⑤市教委は警察への情報提供に対する独自ルールを決め、図書館協議会に示し(四月二十三日)意見を仰ぐ。その「独自ルール」は、任意段階の捜査協力要請があれば市教委が直接対応。提供内容は、①図書利用登録の有無、②資料の予約と貸し出しの各日時、③資料の返却期限、④データ登録日、⑤図書カードの発行日、⑥利用した場所、などに限定。今回のケースでは本のタイトルは伝えていたが、「今後の同様事案では提供せず」(二〇一九年五月二十日付)。

「北海道新聞」の「視点」

さらに、この事案を伝えた「北海道新聞」のその後の報道についても記しておく。同紙には「記者の視点」という、記事を書いた記者の見解を述べる欄がある。「図書館の利用者情報の提供」を報じた（二〇一九年六月三日付）約一カ月半後（同年七月十四日付）には、「知的自由を守る「砦」であれ」というタイトルで当該記者の「視点」が掲載されている。

「視点」ではまず、図書館を舞台にした有川浩の小説『図書館戦争』を紹介している。『図書館戦争』は、公序良俗を乱し、人権を侵害する表現を規制するため「メディア良化法」が制定され、そのメディアへの検閲に抗する図書館を描いた小説である。小説が設定した時代は「二〇一九年」で、検閲が横行する架空の日本社会を描いているが、作者は単行本が出たとき（二〇〇六年）の「あとがき」で、「こんな世の中になったらイヤだな！」[71]と書いていた。しかし、その五年後（二〇一一年）に出版された文庫版の「あとがき」で、「この物語は「こんな世の中あり得ねえだろう」と笑っていただいて何ぼの本です。（略）ところが、うっかり気を抜いていると恐い法案や条例が通過しそうになったり、なかなかに油断がならない世の中になりつつあるようです。（略）世知辛いことです」[72]と記している。

その「視点」は、「現実は、小説のようにはいかないようだ」と記しながらも、最後に次のような「視点」を提示している。

公立図書館は知的自由を守るため、さまざまな圧力と向き合い、社会の発展に貢献してきた。その自負を持ち、今後も毅然と対応してほしい。

そして、これまで守ってきた知的自由を失うことのないよう、図書館の「たたかい」を私たち一人一人も自覚して後押ししていく必要がある。

力強い「視点」である。図書館に「毅然」とした対応を求めるだけではなく、図書館利用者である私たちにも「自覚して後押し」することを求めている。

「南日本新聞」の「利用者情報提供」の記事

なお、この「図書館利用情報」の捜査機関への提供問題は、「苫小牧民報」が報じた約九カ月後の二〇一九年八月十七日に、苫小牧市から遠く離れた鹿児島県の地方紙にも取り上げられた。「南日本新聞」である。「南日本新聞」は鹿児島県を代表する地方紙で、同紙のウェブサイトによると、発行部数は二十七万九千九百三十七部（二〇一九年五月現在）で、九州の県紙六紙のなかでトップである。(73)

その「南日本新聞」が、二〇一九年八月十七日付一面トップ記事で、「四図書館利用者情報提供」という大きな見出しを掲げ、次に「十八年度　県警、任意で依頼」「南日本新聞調べ」の見出しが並んでいる。そして、同紙のリード部分は、次のようになっている。

鹿児島県内の五図書館が過去三年間に、県警から任意の「捜査関係事項照会」と呼ばれる依頼を受け、うち四図書館が利用者の個人情報を提供していたことが十六日、南日本新聞の取材で分かった。強制力がある裁判所の令状なしに、利用者情報を捜査機関へ提出する場合の基準を定めた法令がないため、各図書館は難しい対応を迫られている。

さらに本文によると、「南日本新聞」は六月から七月、県内全四十三市町村の教育委員会と県立図書館、九大学図書館を対象に、①照会の有無と対応、②提供内容、③今後の対応、④判断基準の四項目に関するアンケート調査を実施、六市町を除き回答を得たとのこと。

そのうち、利用者情報を提供した四図書館（いずれも二〇一八年度）の提供状況を報じている。「利用者の貸し出し日時が分かる資料を求められ、書名が分からないよう黒塗りにして提供」「カード発行の有無だけで利用履歴は答えなかった」（二図書館）、「犯罪被害者の遺留品に図書カードがあり、身元確認用として名前と住所の照会に応じた」である。

さらに、今後照会があった場合の対応について質問している。それに対し、二市町が「提供する」、二十三の自治体・図書館は「提供しない」、十三の自治体・図書館が「案件によって個別に判断」としている。また「判断基準」は前述のように、①「図書館の自由に関する宣言」（日本図書館協会）が十八の自治体・図書館、②「個人情報保護条例」が六の自治体・図書館、③「基準作成を検討予定」が二市、であった。

さらに「南日本新聞」は、同記事の約二週間後（八月三十日付）に、この問題に関する社説を載せている。「図書館と捜査 個人情報の管理 厳格に」と題したその社説では、次のようなことを指摘している。

①任意捜査への協力で個人情報が提供されることは、プライバシーや思想、信条の自由を侵害する恐れがあり問題だ。

②利用者情報の管理は厳格におこなわれなければならない、図書館は個人情報保護の徹底に努めてもらいたい。

③プライバシーを守る立場として、人命に関わるなどのケース以外は、令状をとった捜査に限るという原則に立ち戻るべきだろう。

④近年は公立図書館の外部委託も進む。個人情報を守る図書館の体制は万全だろうか。市民が安心して利用できる透明性の高い運用を求めたい。

図書館利用者のプライバシーに配慮を求めた社説である。そして社説は、「図書館の自由に関する宣言」（一九五四年採択）は、「戦前戦中に特高警察の思想調査に協力した反省を踏まえたもの」という見解も載せている。そしてその「図書館の自由に関する宣言」（一九七九年宣言）も次のように記している。

わが国においては、図書館が国民の知る自由を保障するのではなく、国民に対する「思想善導」の機関として、国民の知る自由を妨げる役割さえ果たした歴史的事実があることを忘れてはならない。

なお「南日本新聞」は、さらに同年（二〇一九年）十一月四日付一面トップ記事で、この問題をさらに取り上げていて、「プライバシー侵害懸念」という大きな縦見出しが載っている。鹿児島県内の四公立図書館が、県警から任意の捜査関係事項照会を受け、利用者の個人情報を提供したことに「波紋が広がっている」「プライバシーの侵害を懸念する声が少なくない」という記事である。同紙の詳細で熱心な取材が表れた記事になっている。

北海道の「苫小牧民報」から始まった今回の「捜査機関への利用者情報の提供」問題を、苫小牧市から遠く離れた鹿児島県の地方紙でも取り上げたことに感動を禁じえない。

「沖縄タイムス」の「利用者情報提供」の記事

またこの「図書館利用情報」の捜査機関への提供問題は、「南日本新聞」が取り上げた約二週間後（八月三十一日付）に、さらに南の沖縄県を代表する地方紙「沖縄タイムス」（一九四八年創刊）も取り上げていた。

八月三十一日付一面左上段に「令状なく利用者情報提供」という大きな見出しを掲げ、提供三館の名をあげて、「捜査当局が任意照会」と続けている。同紙は次のように報じている。

県内六十三館ある公立や大学の図書館のうち三館が、利用者の住所・氏名や貸し出し冊数などの情報を裁判所の令状のないまま捜査当局の照会に応じて提供していたことが三十日、沖縄タイムスの取材で分かった。今後照会があれば「書名や氏名を含む貸し出し履歴を提供する」と答えた図書館もあった。利用者情報は思想信条と深く関わるだけに、識者からは外部チェックの働かない任意捜査の拡大を懸念する声が上がっている。

そして利用者情報を提供した三館の提供情報の内容が紹介されている。

さらに「沖縄タイムス」は、同記事の約二週間後（九月一日付）に、この問題に関する社説を載せている。「令状主義前提に指針を」というタイトルを付けたその社説には、以下のようにある。

①図書館が令状に基づかず利用者のプライバシー情報を警察に提供することは、憲法で保障された思想・信条の自由を脅かしかねない。取り扱いには慎重さが求められる。

②アメリカ軍統治下の沖縄でも、琉米文化会館などでアメリカ軍が図書の貸し出し記録を調査していたといわれる。現在もアメリカ軍基地建設問題をめぐって国側は抗議行動に参加する人の個人情報を収集しているとされるから、なおさら懸念が募る。

特に二点目は、アメリカ軍基地問題を抱えた沖縄県の新聞らしい見解である。この点は、第一報を報じた日の別の紙面（二十七面）でも、「米軍基地問題などを巡って国側が市民の動向を警戒している沖縄では、とりわけ慎重な姿勢が図書館側に求められる」「現在も基地問題を巡って国側や米軍は抗議行動の参加者の個人情報を収集しているとされ、図書館への照会が思想調査や身辺調査に悪用されないとは言い切れない」と解説している。

またこの利用者情報提供の問題について、同県の地方紙「琉球新報」も、「警察の捜査事項照会図書館の自由宣言順守を」の見出しで社説を載せている（九月十一日付）。
①図書館には利用者の内心の自由に関わる機微な情報が多く集積される。それだけに他官庁以上に、厳密な守秘義務があると再認識してほしい。
②任意の照会に安易に応じれば、いずれ恒常化し、情報提供の範囲が際限なく拡大しかねない。図書館の自由宣言に立ち返り、令状がなければ提供しないという原則を徹底すべきである。
また、「沖縄タイムス」は続報を掲載している。名護市立中央図書館が令状のないまま捜査当局に利用者情報を提供していた問題で、同市教育委員会の教育次長が、九月十一日に開催された市議会定例会一般質問で、「捜査機関への情報提供については、令状の確認が取れなければ提供しない原則を徹底していきたい」と述べたことを載せている（九月十二日付）。

10　国民主権・民主主義とプライバシー

人権は「する」ことによって守られる

「苫小牧民報」は、この捜査機関からの照会に関する問題を重要視して一面トップで報じ、さらにその後も市民団体や図書館協議会、そして市教委の対応を丹念に追い続け、図書館を利用する市民の権利のありようを報道してきた。人権に配慮した記事になっていて、同紙とそれを追い続けた記者の人権への向き合い方は称賛に価する。

そして「北海道新聞」は、北海道の公立図書館の様子を詳細に調べて報道していて、この記事もこの問題の所在がどこにあるかを提起している。そして記者の「視点」で述べた「図書館への「毅然」とした対応、図書館利用者の「自覚的後押し」」という指摘は、日本国憲法の精神にも合致した内容である。

日本国憲法は、基本的人権の不可侵性と永久性を規定している（第十一条）が、同時に「この憲法が国民に保障する自由及び権利は、国民の不断の努力によつて、これを保持しなければならない」（第十二条）とも規定している。人権はそこに「ある」のではなく日々の行使（「する」）によって守られると論じたのは政治学者・丸山真男だが[74]、図書館を利用する住民（国民）の権利も結局は、日々人権を行使「する」住民によって守られているともいえる。こうした点を、「視点」はきちんと提起している。

民主主義社会に「不可欠」のプライバシーの権利

図書館利用記録は、プライバシー情報である。その情報は情報保持者の思想形成と関わる情報であり、情報保持者のコントロール下（統制化）にある情報である。そのため、その情報を扱う図書館（員）は、その情報を外部に漏洩しない義務（秘密の保持義務）を有している。

そして、このプライバシー権は、国民主権や民主主義の維持・発展と不可分の関係にある人権である。「主権が国民に存する」（日本国憲法第一条）社会は、国民個々人が自由に思想を形成し、意見を表明することを前提としている。その点で図書館は、「知識や情報の社会的制御機関」として、そうした社会を構築するための重要な社会的機関である。そして、図書館利用を通じて入手した情報を含めて、その情報を自己の統制下（コントロール）におくことは、個々人が自由に発言し民主主義社会を構築するための不可欠の前提でもある。プライバシーの権利は、国民主権・民主主義社会を成り立たせるプロセスに不可欠のものである。

図書館が利用記録を「令状」なくして捜査機関に提供することは、こうした民主主義社会の構築をも揺るがせかねない問題である。そのことを最後に記して、この章を終わりたい。

注

（1）日本図書館協会図書館の自由委員会編『「図書館の自由に関する宣言1979年改訂」解説 第2版』日本図書館協会、二〇〇四年、三四ページ

（2）ＪＬＡ図書館の自由に関する調査委員会近畿地区小委員会「『ぴあの』事件でＮＨＫに申し入れ――「プライバシー侵害」の誤解を招くセリフ」、日本図書館協会図書館雑誌編集委員会編「図書館雑誌」一九九四年六月号、日本図書館協会、四〇〇ページ

（3）日本図書館協会図書館の自由委員会編『図書館の自由に関する事例集』日本図書館協会、二〇〇八年、一六三ページ

（4）前掲「『ぴあの』事件でＮＨＫに申し入れ」四〇〇ページ

（5）「夏樹静子原作のテレビドラマでお詫び」、日本図書館協会図書館雑誌編集委員会編「図書館雑誌」二〇〇四年一月号、日本図書館協会、七―八ページ

（6）日本図書館協会「図書館は読書の秘密を守ることについて（ご理解の要請）」二〇〇五年二月一日（https://www.jla.or.jp/portals/0/html/jiyu/yousei.html）［二〇一九年十一月二十二日アクセス］
（7）前掲『図書館の自由に関する事例集』一六二―一六三ページ
（8）同事件の概要については、日本図書館協会図書館の自由に関する調査委員会関東地区小委員会「裁判所の令状に基づく図書館利用記録の押収――「地下鉄サリン事件」捜査に関する事例」、日本図書館協会図書館雑誌編集委員編「図書館雑誌」一九九五年十月号、日本図書館協会、八〇八ページ
（9）「第197回国会 法務委員会 第10号（平成31年1月23日（水曜日））」「衆議院」（http://www.shugiin.go.jp/internet/itdb_kaigiroku.nsf/html/kaigiroku/000419720190123010.htm）［二〇一九年十一月二十二日アクセス］
（10）同ウェブサイト
（11）同ウェブサイト
（12）同ウェブサイト
（13）なお、先の民間機関のケースに関して付言しておく。当該民間機関は、国会で問題になった約一年半後（二〇一九年八月二十三日）に「捜査機関からの情報提供の要請に対する基本方針について」という文書をウェブサイト上に発表した。それによると「弊社は、捜査機関からの要請については、捜査令状によってのみ開示する「令状主義」を原則といたします」という基本方針を発表、同年十月一日から運用開始することにしたと表明している（https://www.ccc.co.jp/news/2019/20190823_005537.html）［二〇一九年十一月二十二日アクセス］。
（14）前掲「第197回国会 法務委員会 第10号（平成31年1月23日（水曜日））」
（15）同ウェブサイト

(16) 同ウェブサイト
(17) 同ウェブサイト
(18) 同ウェブサイト
(19) 日本図書館協会図書館の自由委員会編『図書館の自由に関する全国公立図書館調査2011年』日本図書館協会、二〇一三年、五八―五九ページ
(20) 平野龍一『刑事訴訟法』(「法律学全集」四十三巻)、有斐閣、一九五八年、一一〇ページ
(21) 団藤重光『新刑事訴訟法綱要 七訂版』創文社、一九六七年、三三二ページ
(22) 松本時夫/土本武司編著、松尾浩也監修『条解刑事訴訟法 新版増補版』弘文堂、二〇〇一年、三一六ページ
(23) 安冨潔『やさしい刑事訴訟法 第5版』法学書院、二〇〇五年、一八ページ
(24) 高田卓爾/鈴木茂嗣編『刑事訴訟法』第三巻(新・判例コンメンタール)、三省堂、一九九五年、六一ページ
(25) 前掲、平野龍一『刑事訴訟法』一一〇ページ
(26) 前掲『新刑事訴訟法綱要 七訂版』三三二ページ
(27) 前掲『条解刑事訴訟法 新版増補版』三一六ページ
(28) 前掲『やさしい刑事訴訟法 第5版』一八ページ
(29) 前掲、高田卓爾/鈴木茂嗣編『刑事訴訟法』第三巻、六一ページ
(30)「第198回国会 法務委員会 第16号(令和元年5月15日(水曜日))」(http://www.shugiin.go.jp/internet/itdb_kaigiroku.nsf/html/kaigiroku/000419820190515016.htm)[二〇一九年十一月二十二日アクセス]

(31) 同ウェブサイト
(32) 同ウェブサイト
(33) 同ウェブサイト
(34) 前掲『条解刑事訴訟法 新版増補版』三一〇ページ
(35)「最高裁決定（一九七六年三月十六日）」「最高裁判所刑事判例集」第三十巻第二号、最高裁判所、一八七ページ
(36) 前掲『条解刑事訴訟法 新版増補版』三一四ページ
(37) 前掲『広辞苑 第七版』二五八八ページ
(38) 佐藤幸治『憲法 新版』（「現代法律学講座」第五巻）、青林書院、一九九〇年、四〇八ページ
(39)「東京地裁判決（一九六四年九月二十八日）」、判例時報社編「判例時報」第三百八十五号、判例時報社、一九六四年、一二ページ
(40)「東京地裁判決（一九九九年六月二十二日）」、判例時報社編「判例時報」第千六百九十一号、判例時報社、二〇〇〇年、九一ページ
(41) 橋本勇『新版 逐条地方公務員法 第4次改訂版』学陽書房、二〇一六年、六八四ページ
(42) 自治省公務員部公務員第一課編『地方公務員法実例判例集 第3次改訂』第一法規出版、一九八六年、一〇二〇―一〇二一ページ
(43)「最高裁決定（一九七七年十二月十九日）」「最高裁判所刑事判例集」第三十一巻第七号、最高裁判所、一〇五三ページ。この決定は、「秘密」を「形式秘」（権限を有する行政機関が秘密とした情報）ではなく「実質秘」（実質的に秘密として保護する必要があると認められるもの）を要するとした点に意義がある。

（44）「最高裁決定（二〇〇五年十月十四日）」「最高裁判所民事判例集」第五十九巻第八号、最高裁判所、二二六五ページ
（45）北野弘久「秘密を守る義務」、青木宗也／室井力編『地方公務員法』（別冊法学セミナー、基本法コンメンタール）所収、日本評論社、一九九一年、一四八―一五三ページ
（46）佐藤功「公務員の秘密保守義務」、有斐閣編「ジュリスト」第五百二十号、有斐閣、一九七二年、三五ページ
（47）総務省「行政機関・独立行政法人等における個人情報の保護」の「〈5 個人情報の適正な取扱い〉」（[http://www.soumu.go.jp/main_sosiki/gyoukan/kanri/question05.html#5-7]［二〇一九年十一月二十二日アクセス］）。
（48）前掲『「図書館の自由に関する宣言1979年改訂」解説 第2版』一八ページ
（49）総務省自治行政局地域情報政策室「個人情報保護条例の現状と総務省の取組」（https://www8.cao.go.jp/kisei-kaikaku/suishin/meeting/wg/toushi/20161121/161121toushi01.pdf）［二〇一九年十一月二十二日アクセス］
（50）「札幌市立図書館個人情報保護に関する方針（プライバシーポリシー）」（https://www.city.sapporo.jp/toshokan/guide/law/documents/privacy_policy.pdf）［二〇一九年十一月二十二日アクセス］
（51）札幌市『個人情報保護ハンドブック』札幌市総務局行政情報課、二〇一九年、二三ページ
（52）『釧路市個人情報保護条例の解釈と運用の手引 改訂』釧路市総合政策部市民協働推進課、二〇一八年、一七ページ
（53）苫小牧市『個人情報保護制度の手引 改訂版』苫小牧市総務部、二〇一九年、三〇ページ
（54）北海道『個人情報保護事務の手引』北海道総務部法務・法人局法制文書課行政情報センター、二〇

一八年、七四―七五ページ
(55) 同書七五ページ
(56) 三重県「三重県個人情報保護条例の解釈及び運用」(http://www.pref.mie.lg.jp/common/content/00083667.pdf)［二〇二〇年五月二十九日アクセス］
(57) 新潟県「新潟県個人情報保護条例解釈運用基準」(https://www.pref.niigata.lg.jp/uploaded/attachment/212577.pdf)［二〇二〇年五月二十九日アクセス］
(58) 千葉県「千葉県個人情報保護条例解釈運用基準」(https://www.pref.chiba.lg.jp/shinjo/privacy/seido/jourei/documents/jyourei-kaisyakuunyou.pdf)［二〇一九年十一月二十二日アクセス］
(59) 香川県「香川県個人情報保護条例解釈基準」(https://www.pref.kagawa.lg.jp/johoshitsu/kojinjoho/kaisyakukizyun.shtml#j07)［二〇一九年十一月二十二日アクセス］
(60) 熊本県「熊本県個人情報保護条例解釈運用基準（平成25年4月）」(https://www.pref.kumamoto.jp/common/UploadFileOutput.ashx?c_id=3&id=5475&sub_id=1&flid=7&dan_id=1)［二〇一九年十一月二十二日アクセス］
(61)「「早稲田大学名簿提供事件」最高裁判決（二〇〇三年九月十二日）」「最高裁判所民事判例集」第五十七巻第八号、最高裁判所、九七三ページ
(62) 日本図書館協会図書館の自由委員会「捜査機関から「照会」があったとき」(http://www.jla.or.jp/Default.aspx?TabId=658)［二〇一九年十一月二十二日アクセス］
(63) JLA図書館の自由に関する調査委員会関東地区小委員会「利用者記録への警察官の捜査」、日本図書館協会図書館雑誌編集委員編「図書館雑誌」一九八六年七月号、日本図書館協会、四一七ページ
(64) アメリカ図書館協会知的自由部編纂『図書館の原則――図書館における知的自由マニュアル 第3

版』（川崎良孝／川崎佳代子訳〔「図書館と自由」第十二集〕、日本図書館協会、一九九一年）一四四―一四九ページによる。
(65) 同書一四五ページ
(66) アメリカ図書館協会知的自由部編纂『図書館の原則――図書館における知的自由マニュアル 第9版 改訂4版』川崎良孝／福井佑介／川崎佳代子訳、日本図書館協会、二〇一六年
(67) 同書二八八ページ
(68) 同書二二二―二三六ページ
(69) 小西友七／南出康世編集『ジーニアス英和大辞典』大修館書店、二〇〇一年、七二三ページ
(70) 前掲『図書館の原則 改訂4版』二二九―二三〇ページ
(71) 有川浩『図書館戦争』メディアワークス、二〇〇六年、三四四ページ
(72) 有川浩「あとがき」『図書館戦争』（角川文庫、「図書館戦争シリーズ」第一巻）、角川書店、二〇一一年、三七〇ページ
(73)「南日本新聞社プロフィール」(https://373news.com/_kaisya/guide/)［二〇一九年十一月二十二日アクセス］
(74) 前掲「「である」ことと「する」こと」一五五―一五六ページ

［著者略歴］
渡邊重夫（わたなべ しげお）
北海道学芸大学（現・北海道教育大学）札幌校卒業
藤女子大学教授を経て、現在は全国 SLA 学校図書館スーパーバイザー。日本図書館情報学会会員、日本図書館研究会会員
学校図書館賞受賞（2019年、全国学校図書館協議会）
著書に『子どもの人権と学校図書館』『学校図書館の対話力――子ども・本・自由』『司書教諭という仕事』『図書館の自由と知る権利』（いずれも青弓社）、『学校図書館の可能性――自ら考え、判断できる子どもを育てる』（全国学校図書館協議会）、『学びと育ちを支える学校図書館』『学校図書館の力――司書教諭のための11章』『学校図書館概論』（いずれも勉誠出版）など

批判的思考力を育てる学校図書館
付：図書館利用記録とプライバシー

発行………2020年6月23日　第1刷
定価………2400円＋税
著者………渡邊重夫
発行者……矢野恵二
発行所……株式会社青弓社
〒162-0801 東京都新宿区山吹町337
電話 03-3268-0381（代）
http://www.seikyusha.co.jp
印刷所……三松堂
製本所……三松堂

ISBN978-4-7872-0073-0 C0000